영적 성숙을 위한 레시피

영적 성숙을 위한 레시피

발행 2016년 11월 26일

지은이 한창호
발행인 윤상문
편집부장 권지현
코디네이터 박현수
디자인실장 여수정
디자인 표소영, 박진경
발행처 킹덤북스
등록 제2009-29호(2009년 10월 19일)
주소 경기도 용인시 기흥구 동백동 622-2
문의 전화 031-275-0196 팩스 031-275-0296

ISBN 979-11-5886-077-6 (03230)

Copyright ⓒ 2016 한창호
이 책은 저작권법에 따라 보호받는 저작물이므로 무단전재와 복제를 금지하며,
이 책의 내용의 전부 또는 일부를 이용하려면 반드시 저작권자와 킹덤북스의
서면 동의를 받아야 합니다.

※ 잘못된 책은 구입하신 곳에서 교환하여 드립니다.
※ 책 가격은 표지 뒷면에 있습니다.

킹덤북스(Kingdom Books)는 문서사역을 통해 하나님의 나라를 확장하고,
한국 교회와 세계 교회를 섬기고자 설립된 출판사입니다.

Recipe For
Spiritual
Maturity

영적 성숙을 위한 레시피

한창호 지음

킹덤북스
Kingdom Books

추천의 글

성경과 설교를 전공하여 가르치고 있는 전문가로서 창세기가 모든 성경 가운데 얼마나 풍성하고도 깊은 영적 진리와 교훈을 담고 있는지에 대해서 너무나 잘 알고 있다. 창세기는 1-11장과 12-50장으로 나눌 수 있다. 전자는 하나님이 창조하신 천지와 사람들에 대한 이야기로 구성되어 있고, 후자는 아브라함과 이삭과 야곱과 요셉 네 명의 족장을 중심으로 기록되어 있다. 그들 중 특별히 눈길을 끄는 인물이 야곱이다. 믿음의 조상 아브라함과 짧은 기록이지만 아주 굵게 살았던 이삭과 예수 그리스도의 그림자로 보일 정도로 탁월했던 영웅 요셉에 비해 야곱은 크게 내놓을 만한 것이 없는 평범한 인물이다. 한 마디로 야곱은 인간적인 수단과 방법을 강구했던 전형적인 인물로서, 그로 인한 좌절과 절망의 쓴 잔을 아주 많이 마셨던 사람이다. 그런 점에서 독자들에게 어느 누구보다 더 친근하게 와 닿을 수 있는 인물이 바로 그가 아닌가 생각한다.

이 야곱에 관한 모든 내용들을 거의 빠뜨림 없이 차례로 설교해온 저자가 금번에 그 원고들을 가지고 책으로 펴냈다. 본서는 본문을 기초로 해서 독자들을 위한 영적 성장의 비결을 자세히 소개한다. 야곱의 지극히 인간적인 모습들은 비슷한 모습으로 살아가는 독자들에게 친근감 있게 다가갈 것이다. 지도자에 대한 신뢰가 집단적으로 무너져 내린 암담한 현 시점에서, 우리가 믿고 따르고 가야 할 방향이 어디인지를 이 책을 통해 발견하는 축복이 독자 모두에게 있기를 바란다.

신성욱 교수(아세아연합신학대학교 설교학)

· · · · · · · ·

일상 가운데 우리는 다양한 소리를 들으며, 그리고 그 소음들 속에 파묻혀 하루하루를 보냅니다. 우리는 사람들이 떠드는 소리, 소음 너머의 새로운 소리에 민감해지지 않으면 하나님께 다가가기가 힘들다고 헨리 나우엔이 지적한 적이 있습니다. 이곳의 한편 한편의 설교가 오늘날 수없이 쏟아져 나오는 다양한 설교들 너머의 새로운 소리로 제 심령에는 다가옵니다. 하나를 읽고 다음으로 넘어가기 전, "어~" 하면서 제 자신이 먼저 영적으로 발돋움하는 신비의 체험을 합니다. 영적으로 혼탁한 시대에 보석과 같은 참된 말씀을 통한 유쾌한 영적 체험에 여러분을 초대합니다.

오태균 교수(총신대학교 신학대학원 기독교교육학)

· · · · · · · ·

본서는 성도들의 영적인 성숙에 대한 한창호 목사님의 19편의 설교들이 글로 기록되어 있습니다. 이 설교들에서 한 목사님은 현재를 살아가는 성도들의 영적인 어려움과 문제들을 세밀하게 진단하고, 성경 본문에 등장하는 영웅들의 모범을 통해서 그 영적인 어려움들을 극복하고자 합니다. 한 목사님은 성경의 영웅들의 영적인 자질들을 조심스럽게 살펴 본 후에 성도들에게 적용의 형태로 그 자질들을 믿음의 삶에서 현실화 할 것을 요청합니다. 팍팍한 인생을 사는 성도들이 한 목사님의 가르침 속에서 말씀이 주시는 위로를 발견할 것입니다.

이승현 교수(호서대학교 신학전문대학원 신약학)

....

제자훈련과 목양에 헌신하고 계신 한창호 목사님은 성숙한 신자의 삶을 향한 모델로서 야곱을 선택하여 그의 인생 실존을 아주 정밀하게 분석하여 하나님이 어떻게 그를 버리지 않으시고 추적하면서 변화시키는지 하나님의 숨은 섭리를 아주 세밀하게 보여주고 있습니다. 거룩한 삶과 성숙한 삶은 인간의 노력으로 되지 않습니다. 하나님의 은혜가 절대 필요합니다. 이 책은 영적 성숙을 갈망하는 모든 그리스도인의 갈증을 해갈하는 오아시스와 같습니다. 독자제위께 기꺼이 추천하며 일독을 권합니다.

장성길 교수(웨스트민스터신학대학원대학교 구약학)

....

오랜 친구인 한창호 목사님은 천상 목회자입니다. 그에게는 하나님과 성도에 대한 뜨거운 사랑, 그리고 복음의 간절한 열정이 있습니다. 또한 한창호 목사님은 타고난 설교자입니다. 그의 설교에는 늘 감동과 위로와 도전이 있습니다. 본 설교집에는 그의 결코 짧지 않은 목회와 설교 사역의 엑기스가 담겨 있음을 느낍니다. 본서의 중심에 위치한 야곱은 오늘날 많은 신앙인들에게 영적 성장의 좋은 모델이 될 수 있다고 믿습니다. 처음의 그는 욕심과 야망이 가득하고 술수에 능한 사람이었습니다. 그러나 하나님의 은혜로 놀랍도록 성화된 사람입니다. 한 목사님은 본 설교집을 통해 그러한 야곱의 삶을 조명함으로 영적 성장을 위한 레시피를 제시하셨습니다. 본 설교집을 통해 한국 교회에 영장 성장의 열매가 가득 맺히기를 간절히 소원합니다.

김창훈 교수(총신대학교 신학대학원 실천신학)

프롤로그
prologue

하나님의 전적인 은혜와 역사하심을 따라 20년 전 한 가정과 더불어 낯선 땅 수원에서 온사랑 교회를 개척하게 되었습니다. 뒤돌아보면 젊은 나이 탓도 있었지만, 무엇보다 영적으로 잘 준비되지 못한 가운데 교회를 개척했기에 겪어야 할 시행착오가 참으로 많았습니다. 그럼에도 불구하고 하나님의 도우심으로 교회가 아름답게 잘 성장하는 은혜를 맛보게 되었습니다.

하나님께서 보내주신 성도 한 사람 한 사람이 얼마나 소중하고 사랑스러운지 항상 하나님의 은혜에 감사했습니다. 그래서 불철주야로 예배와 심방, 제자훈련과 상담, 그리고 전도와 선교에 집중하면서 여기까지 달려왔습니다. 하나님의 은혜를 너무 많이 받았기에 그 은혜가 헛되지 않도록 온 마음과 정성을 성도와 교회공동체에 다 쏟아 부었다고 감히 고백해 봅니다.

그 결과 교우들과 함께 울고 함께 웃는 공동체가 되었습니다. 참 행복하고 기뻤습니다. 한 없이 부족한 종을 사용하시는 하나님께 늘 감사했습니다. 교회를 통해서 하나님의 역사를 순간순간 경험하게 하시니 얼마나 감사한지 모릅니다. 종종 이런 기도를 외치기도 하였습니다. "이리도 좋을 수가 있을까요!!! 하나님!"

교회 창립 20주년을 맞는 2016년 올해 들어서 하나님 앞에 기도와 말씀을 묵상하는 중에 '영적 발돋움'이라는 단어를 끊임없이 상기시켜 주시는 하나님을 깨닫게 되었습니다. 목회자 자신과 우리 온사랑 교회 성도들이 하나님의 사람으로서 하나님께서 기뻐하시고 바라시고 기대하시는 영적단계로 발돋움을 해야만 한다는 의지를 품게 하셨습니다. 그래서 만들어진 설교가 매 주일마다 온사랑 강단에서 선포된 '야곱의 인생 스토리'입니다.

무엇보다 목사인 제가 설교를 준비하면서 더 많은 은혜를 경험하였기에 하나님 앞에서 영적으로 많이 다짐을 하고 결심을 하게 되었습니다. '목사인 내 자신부터 영적으로 발돋움을 하자. 설교하기 이전에 내가 영적 발돋움을 해야 성도들이 발돋움을 할 수 있다'는 각오로 설교를 준비하고 적용했습니다. 그랬더니 넘치는 하나님의 은혜와 능력을 체험하면서 주일강단에서 19번이나 설교를 하게 되었습니다.

설교를 듣는 가운데 많은 분들로부터 책으로 출판하면 좋겠다는 말을 여러 번 듣고 은혜를 나누고자 용기를 내서 책으로 출판하게 되었습니다. 책을 출판하면서 강하게 느끼는 것은 이것입니다. 사람이 영적으로 발돋움을 하기 위해서 아무리 노력하고 애를 쓴다고 하더라도 하나님의 은혜와 성령님의 역사가 아니면 안 된다는 것입니다. 그리고 성도는 그저 그 은혜의 역사 앞에 순종으로 반응하며 나아갈 때 자신도 모르는 사이에 영적 성장을 거듭하게 된다는 사실입니다.

이 책을 통해 독자들이 은혜를 받고 조금이나마 영적 발돋움에 도움이 된다면 필자로서는 더 바랄 것이 없습니다. 책을 출판하면서 먼저 하나님께 진심으로 감사를 드립니다. 또한 온사랑 교회 성도들에게도 감사를 드립니다. 한없이 부족한 목사를 믿고 지지해 주시고 응원해 주신 장로님들과 성도들이 있었기에 오늘의 목사와 교회가 있었다고 생각합니다. 목사와 함께 묵묵히, 그리고 성실하게 사역하고 있는 교역자 동역자들에게도 감사를 드립니다.

마지막으로 언제나 믿고 함께해준 사랑하는 아내(김채정)와 두 딸(혜리와 혜주)에게도 온 마음을 다하여 감사함을 표현하고 싶습니다. 그리고 본서를 걸작으로 만들어 주신 킹덤북스(Kingdom Books) 대표 윤상문 목사님께도 진심으로 감사를 드립니다. 하나님 나라의 한 형제자매 된 여러분 진심으로 사랑하고 축복합니다.

2016년 10월
저자 한창호

차 례

추천의 글　　　　　　　　　　　　5
프롤로그　　　　　　　　　　　　9

영적 발돋움 1
나의 왕, 나의 하나님　　　　　　　15

영적 발돋움 2
하나님의 은혜를 가볍게 여기지 말라　29

영적 발돋움 3
영적 갈망　　　　　　　　　　　45

영적 발돋움 4
영적 분별력　　　　　　　　　　59

영적 발돋움 5
영적 체험　　　　　　　　　　　75

영적 발돋움 6
영적 연단　　　　　　　　　　　89

영적 발돋움 7
영적 연합　　　　　　　　　　　101

영적 발돋움 8
부활신앙　　　　　　　　　　　111

영적 발돋움 9
영적 성실　　　　　　　　　　　121

영적 발돋움 10
영적 순종   135

영적 발돋움 11
영적 기도   147

영적 발돋움 12
영적 화해   161

영적 발돋움 13
영적 양육   173

영적 발돋움 14
영적 가족   187

영적 발돋움 15
영적 축복   199

영적 발돋움 16
영적 사랑   211

영적 발돋움 17
영적 인도   223

영적 발돋움 18
축복의 통로   237

영적 발돋움 19
하늘 소망   255

영적 발돋움

1

나의 왕, 나의 하나님

시편 5:1-12

영적 발돋움 1

나의 왕, 나의 하나님

시편 5:1-12

들어가는 말

우리가 세상을 살아가다 보면 여러 사람들과 여러 가지 일로 서로 간에 인간관계를 맺고 살아가게 됩니다. 이렇게 사람들과 관계를 맺고 살아가다 보면 좋은 관계를 맺고 서로에게 선한 영향력을 미치는 관계도 있겠지만, 어떤 경우에는 아무런 잘못이나 이유가 없음에도 불구하고 악의를 품은 이들로부터 의도적인 모함을 받고 공격을 당하는 경우도 있습니다. 이런 경우 같은 또래들 간에 수평적인 관계에서 일어나는 경우도 있습니다. 그러나 대개는 직장이나 집단의 소속 상사나 윗사람 등, 나보다 우월적 지위에 있는 사람을 통해 억울한 상황을 맞게 됩니다. 이러한 상황을 접하게 되면 크게 상심하게 되고 이로 인해 심한 마음의 상처를 입게 됩니다.

그런데 이러한 억울한 상황이 일회적이거나 단시일 내에 그치게 되는 경우라도, 이 상처와 고통에서 벗어나기란 쉽지 않습니다. 더욱이 이러한 일들을 지속적으로 경험하게 되면 내면의 고통과 상처가 너무 커 그 사람의 일상이 무너지게 되고 정신이 파괴되어, 최악의 경우에는 극단적인 선택을 하는 경우도 우리는 종종 보게 됩니다.

비근한 예로 사회적 문제로까지 부각된 학교 또래 집단이나, 직장에서 동료들로부터 집단 따돌림과 폭행 등을 당해 그것으로 인해 씻을 수 없는 상처를 안고 살아가거나, 최악의 경우에는 극단적인 선택으로 생을 마감하는 경우까지 생기는 예들을 뉴스를 통해 종종 접하게 됩니다.

최근에는 전도유망한 한 젊은 평검사가 상사인 부장검사로부터 지속적으로 이유 없는 폭언, 인격에 깊은 상처를 주는 모독적인 말로 인해 고통을 겪다가 결국은 자살이라는 극단적인 방법으로 생을 마감한 사실을 뉴스를 통해 접하게 됩니다. 얼핏 생각해볼 때, 검사라면 어느 정도 위치에 있는 사람이고 열심히 공부하고 노력해서 그 자리까지 갈 수 있었을 텐데 아무리 힘들더라도 그렇지 자살까지 했을까 하는 마음도 들 것입니다. 그러나 그 사람의 입장과 그 사람의 상황을 직접 겪어보지 못한 사람으로서는 그 상황이 얼마나 힘들었을까를 감히 상상할 수 없을 것입니다.

이뿐만이 아닙니다. 군대 내에서 상시적으로 일어나는 언어폭력과 구타로 인해 얼마나 많은 젊은이들이 고통을 받고 있습니까? 이로 인해 너무나 고통스런 나머지 스스로 목숨을 끊는 일들이 비일비재하게 일어나는 것을 우리는 그동안 자주 접해보았습니다.

그렇다면 이러한 고통과 아픔을 가져다주는 자들은 도대체 어떤 자들일까요? 오늘 본문 말씀을 보면 이들은 죄악을 기뻐하는 자이며, 오만한 자이고, 행악하는 자이며, 피 흘리기를 즐기고 속이는 자라 했습니다. "주는 죄악을 기뻐하는 신이 아니시니 악이 주와 함께 유하지 못하며 오만한 자가 주의 목전에 서지 못 하리이다 주는 모든 행악자를 미워하시며 거짓말하는 자를 멸하시리이다 여호와께서는 피 흘리기를 즐기고 속이는 자를 싫어하시나이다"(4-6절). 이러한 자들로 말미암아 상처와 아픔을 겪게 되는 것은 어제 오늘의 이야기만이 아닙니다. 하나님의 사람 다윗이 살았던 그때도 여전히 이러한 일들로 인해 고통 받는 사람들이 있었다는 것입니다.

우리는 오늘 본문 말씀이 전해주는 다윗의 삶을 보면서 많은 사람들과의 관계성 속에서 나에게 이유 없이 고통을 주고 말과 행동으로 상처를 주는 자들과 더불어 살아가면서 신앙인으로서 우리가 어떻게 살아가는 것이 참된 신앙인의 모습인지, 그리고 이기고 승리하는 모습인지를 깨달음으로써 하나님의 사람으로서 보다 성숙한 신앙인이 되는, 즉 한 단계 더 신앙적으로 발돋움하는 자들이 되어야 할 것입니다. 그렇게 되기 위해서 우선 믿음의 영웅인 다윗이 어떠한 신앙의 모습을 보여주었는지 살펴보면서 교훈을 얻고자 합니다.

1. 고통 가운데서 부르짖는 다윗의 신앙고백, "나의 왕, 나의 하나님"

첫째, 다윗은 언제나 하나님을 향하여 "나의 왕, 나의 하나님"이라고 불렀습니다. "나의 왕, 나의 하나님이여 나의 부르짖는 소리를 들으소서 내가 주께 기도하나이다"(2절). 다윗은 이스라엘이라는 한 나라를 다스리는 왕이었습니다. 그것도 하나님께서 친히 마음에 합한 자라고 말씀하실 만큼 하나님께 인정받는 왕이었습니다. 또한 이스라엘을 부강한 나라로 세워갔던 능력자였고 탁월한 리더십을 발휘한 리더로서 온 백성의 존경과 사랑을 한 몸에 받는 왕이었습니다. 그런데 그런 그가 하나님을 향하여 '나의 왕, 나의 하나님이여'라고 부르는 것은 다음과 같은 의미가 있습니다. "내가 이스라엘이라는 한 나라의 왕으로 있지만 진정한 왕은 내가 아닙니다. 하나님만이 나의 진정한 왕이십니다. 나는 부족하고 연약한 자입니다. 나는 나를 대적해서 공격하는 악한 자들로 인해 마음에 심한 상처와 아픔이 있습니다. 그것으로 인해 심히 고통스러운 나날을 보내고 있습니다. 그러나 이것을 내 힘과 능력으로 어떻게 할 수 없는 무지하고 무능한 자입니다. 전능하시고 전지하신 하나님께서 나를 통해 다스리시고 인도해 주시기를 바랍니다. 하나님은 나의 전부이십니다. 나의 모든 것의 모든 것 되십니다"라는 신앙고백이 나의 왕, 나의 하나님이라는 말에 내포되어 있다고 볼 수 있습니다. 즉, 이 말은 하나님을 전적으로 의지하고 신뢰하는 믿음의 고백이라고 할 수 있습니다.

다윗은 이 고백의 바탕 위에서 소리 내어 하나님께 부르짖었습니다. 자신의 심정을 토로하면서 기도했습니다. 다윗을 대적하는 무리들이 너무나 많기 때문에 자신의 힘으로 감당할 수 없고 극복할 수 없기에 그는 자신의 솔직한 심정을 토로하면서 하나님께 부르짖습니다. 온 마음과 힘을 다하여 기도하는 것입니다. 자신의 마음을 위로해 주시고, 견디어 낼 수 있는 굳건한 마음을 주셔서 악한 무리로 인해 이유 없이 당해야 하는 고통을 극복할 수 있는 힘과 능력을 달라고 기도하는 것입니다.

다윗은 아침에 기도합니다. "… 아침에 내가 주께 기도하고 바라리이다"(3절). 이는 다급하면서도 간절한 기도를 의미합니다. 아침은 하루 일과의 시작을 알리는 때로서 하루의 계획이 이루어지는 하루 중 가장 중요한 때입니다. 따라서 아침의 승리는 하루의 승리를 말하는 것입니다. 이렇게 아침에 드리는 다윗의 기도는 하나님을 전적으로 의지한다는 결단을 보여주는 증거입니다.

다윗은 이처럼 아침에 간절한 기도를 드리면서 하루의 삶을 펼쳐 갑니다. 그날 하루를 기도로 시작함으로써 자신의 하루 일과를 주님의 손에 의탁합니다. 주님이 도와주시면 모든 것을 감당할 수 있고 승리할 수 있다는 확신의 기도입니다.

사랑하는 성도 여러분! 여러분의 삶 속에서 누군가가 여러분을 대적하고 여러분에게 억울함을 가져다줌으로써 고통 가운데 빠뜨리고 삶을 황폐화시킵니까? 하지만 그렇다 하더라도 우리는 낙심할 필요가 없으며, 우울해 하거나 슬퍼할 필요가 없습니다. 우리에게는 다윗과 함께하셨던 그 동일한 나의 왕, 나의 하나님이 함께하시기 때문입니다. 그 하나님은 온 우주 만물을 통치하시고 다스리시는 하나님, 즉 만왕의 왕이신 살아계신 하나님이십니다.

이 하나님은 우리가 우리의 억울함과 고통을 내어놓고 부르짖어 기도할 때에 우리의 부르짖음을 들으시고, 우리를 돌아보시고 위로하시며, 의의 길로 인도해 주시는 것입니다. 내가 생각하는 그 이상의 분량으로, 그리고 내가 상상할 수 없는 더 아름답고 풍성한 것으로, 놀랍도록 선한 곳으로 인도해 주시고, 평안과 안식을 충만하게 채워 주시는 분이십니다.

프랑스 소설가 르 클레지오(J.M.G. Le Clezio)가 쓴 "황금물고기"라는 소설이 있습니다. 그 소설에는 일곱 살의 라일라라는 어린 아프리카 소녀가 주인공으로 등장합니다. 그녀는 인신매매를 당해 이스마라라는 노파의 집에 종으로 팔려갔습니다. 이스마라 노파는 라일라를 좋아하고 아꼈지만, 그의 아들과 며느리는 그녀를 아주 미워해, 그녀를 끊임없이 괴롭히고 학대를 합니다. 그러던 중에 설상가상으로 이스마라 할머니가 세상을 떠나고 맙니다. 이제 라일라는 참으로 막막하기만 합니다. 아들 며느리의 학대와 괴롭힘에도 할머니의 사랑이 있었기에 그동안은 그곳에서의 삶을 견디고 이겨낼 수 있었지만, 할머니마저 돌아가시고 안 계신 상황에 라일라가 더 이상 의지할 곳이 없었기 때문입니다. 그녀는 하는 수 없이 그 집에서의 탈출을 감행

합니다.

　그러나 탈출한 이후에도 그녀의 삶은 나아지지 않습니다. 계속해서 힘들고 고통스러운 삶이 이어집니다. 그녀를 향한 폭력과 억압과 탄압이 끊임없이 이어집니다. 그녀는 프랑스에 정착했지만 불법체류자의 신분으로 불안한 삶을 살아가기 시작합니다. 그러자 또다시 미국으로 건너갑니다. 그러나 그곳에서도 불법체류자로서의 신분은 변함이 없습니다. 그러나 그녀는 이러한 극한의 인생의 험로 가운데서도 포기하지 않고 마치 갇혔던 그물을 빠져나가 자유롭게 물살을 헤치고 헤엄쳐 올라가는 황금물고기처럼 마침내 어머니의 고향 아프리카로 향해갑니다. 가는 여정이 너무나 힘들고 어려워서 몇 번이고 포기하고 싶은 마음도 들었지만, 그녀는 끝까지 포기하지 않는 불굴의 의지와 노력으로 마침내 아프리카로 돌아갈 수 있었습니다.

　여러분, 우리도 인생을 사는 동안 힘들고 어려운 인생의 고비들을 수없이 만나게 됩니다. 그럴 때 포기하지 마시기 바랍니다. 하나님은 살아계십니다. 불굴의 의지로 나의 왕이 되시고 힘이 되시는 하나님을 믿고 의지하며 기도하며 나아가시길 바랍니다. 그러면 하나님의 도우심으로 좋은 것을 보게 되고 성취를 이루게 될 것입니다. 우리 왕 되신 하나님은 반드시 우리의 영원한 고향인 천국에 이를 때까지 승리로 인도해 주실 줄 믿습니다.

2. 하나님을 경외하고 예배한 다윗

둘째, 다윗은 고통스러운 현실에서 하나님을 경외하고 예배했습니다(7절). 다윗은 하나님께서 가장 기뻐하시고 즐거워하시는 것이 무엇인지를 알았습니다. 우리가 인생을 살아가면서 모든 것이 순조롭고 평탄할 때는 물론이거니와, 그 반대로 삶이 아무리 힘들고 어려울지라도 하나님을 경외하고 예배드릴 때 하나님께서 기뻐하신다는 것을 알았습니다.

하나님께서 태초에 우리 인간을 지으신 목적이 바로 하나님을 경배하고 예배하게 하는 것에 있다는 것을 우리는 늘 자각하며, 어느 때 어느 곳에서나 하나님을 경배하고 예배하는 일을 잊지 말아야 합니다. 우리가 살아가는 목적이 곧 하나님에 대한 예배라는 것입니다. 그러므로 우리의 모든 행위와 목적은 하나님을 향한 예배로 귀결되어야 합니다.

다윗은 삶의 고된 여정 길 가운데서도 이 목적을 잊지 않았습니다. 그는 인생을 살아가면서 여러 가지 고난을 만났지만 그것에 함몰되어 하나님을 잊는 죄를 범하지 않았습니다. 그는 무엇보다 먼저 하나님을 경외하고 예배하는 것이 가장 중요한 일임을 알았기에 그 어떤 순간에도 하나님을 경외하고 예배했습니다. 이것이 다윗의 믿음이고 신앙입니다.

그렇다면 다윗은 왜 다른 무엇보다 주를 경외하고 예배하는 일을 중요시했을까요? 그것은 그가 주의 풍성한 사랑을 힘입은 자였기 때문입니다. 다윗은 말할 수 없는 고난과 고통 중에서 깊이 생각했습니다. 그동안 하나님께서 나에게 베풀어 주신 사랑이 얼마나 크고 놀라운가? 자신이 어린 목동이었을 때 하나님께서 자신에게 베푸신 그 사랑, 그리고 골리앗과의 싸움에서 승리로 이끄신 하나님의 은총, 사울 왕의 추격 앞에서도 그때마다 안전하게 지켜주신 하나님의 크신 은혜, 또한 수많은 대적들이 음모를 꾸미고 갖가지 수단과 방법으로 자신을 공격해 와도 그때마다 자신을 지켜주시고 돌보아 주신 그 한없는 하나님의 사랑을 생각할 때, 경배와 찬양과 감사를 드리지 않을 수 없었습니다. 이에 다윗은 그 감사한 마음을 담아 하나님을 경외하고 예배를 드리는 것입니다. 그는 하나님이 자신에게 하신 일에 대해 온 마음으로 감격하고 감사함으로 예배를 드렸습니다.

사랑하는 성도 여러분! 우리의 마음은 환경에 많은 영향을 받습니다. 환경에 따라서 흔들릴 때가 많습니다. 힘들고 어렵고 고통스러우면 우리의 마음이 자꾸만 갈대처럼 흔들리게 됩니다. 부정적인 것, 원망스러운 것, 불평할 것만 자꾸 생각나게 됩니다. "왜 나에게 이러한 힘든 일만 생기는 것입니까? 왜 나에게 대적들이 이렇게 많은 것입니까? 왜 내가 이러한 억울한 일을 당해야 합니까? 하나님은 도대체 나에게 왜 이러십니까?" 하고 말입니다. 이러한 마음에 사로잡히게 되면 하나님을 경외하고 예배하고자 하는 마음이 사라지게 되고, 마음 깊은 곳에 상처만 덧입게 됩니다.

그러나 여러분 생각을 조금만 바꾸어서 그동안 하나님께서 나에게 베풀어주신 그 큰 사랑, 주의 풍성한 사랑을 깊이 생각해 보세요. 하나님께서 우리 가정에 베푸신 풍성한 사랑을 생각해 보세요. 하나님께서 우리 교회에 베푸신 사랑을 생각해 보세요. 하나님께서 이 민족 가운데 베푸신 그 풍성한 사랑을 생각해 보세요. 정말 지금까지 하나님이 우리에게 베푸신 은혜를 깊이 생각하면 마음 가운데 다윗처럼 감사가 솟아나지 않을 수 없습니다. 우리가 감사하는 자리에서 하나님을 경외하고 예배할 때, 우리에게는 기쁨과 찬양과 행복이 넘쳐날 것입니다. 여러분에게 이러한 은혜가 있기를 바랍니다.

3. 의인의 삶을 살아가는 다윗

셋째, 다윗은 악한 대적들로 인해 힘들고 고통스러운 상황 가운데서도 하나님의 백성의 정체성을 잊지 않고 의로운 삶을 살아갑니다. 어떠한 상황 속에서도 불의한 자들과 함께하지 않습니다. 그리고 그들이 살아온 삶을 본받아 불의한 삶을 살지 않았습니다. 오직 한 길 의인이 가야할 길로만 향해 갔습니다.

상대가 나를 이유 없이 괴롭히고 나에게 억울함을 안겨줄 때에는 그러한 것들을 가져다주는 상대를 향해 보복하고, 내가 받은 만큼 상대에게도 그대로 해주고 싶은 충동을 느끼는 것이 인간의 본성이요 인지상정(人之常情)입니다. 그러나 다윗은 사람이라면 누구라도 가질 수 있는 이러한 마음을 억누르고 자신을 향해 행악을 일삼는 악한 자들의 모든 행위들을 주님께 내어 맡깁니다. 자신의 고통과 모든 억울함에 대해 직접 상대와 맞서 보복하려거나 복수하려 하지 않습니다. 오로지 이 모든 것을 주님께 내려놓고 주님의 방법으로 자신의 고통과 억울함을 해결해 주실 것을 믿고 맡깁니다. "주님은 아시지요, 내 고통, 내 아픔, 이 억울한 심정을 주님은 아시지요, 그 누구도 내 마음을 헤아려 주지 못하지만, 주님은 다 아십니다" 하고 말입니다.

우리도 마찬가지입니다. 먼저 우리의 고통과 억울함을 주님 보좌 앞에 나아와 토로하고 내어 맡기면, 우리의 모든 사정과 형편을 잘 아시는 주님께서 우리를 돌아보시고, 우리를 위로하시며, 우리의 상한 감정을 만져주실 것입니다. 그러할 때 비로소 우리의 마음 가운데 주님의 영이 임재하심으로 주님이 주시는 자유함과 평강을 맛보며, 주님 안에서 참된 기쁨을 만끽하게 됩니다. 그러한 은혜를 주신 하나님을 향해 다윗은 이렇게 고백합니다.

"오직 주에게 피하는 자는 다 기뻐하며 주의 보호로 인하여 영영히 기뻐 외치며 주의 이름을 사랑하는 자들은 주를 즐거워 하리이다 여호와 주는 의인에게 복을 주시고 방패로 함 같이 은혜로 저를 호위 하시리이다"(11-12절).

적용

사랑하는 성도 여러분! 하나님의 사람들은 세상의 불의한 자들로 인해 억울한 일을 당하고, 마음 가운데 분노가 차오르고 참기 힘든 일을 당하더라도 그러한 불의한 자들의 길을 가지 않습니다. 분노를 쉽게 폭발하지 않습니다. 그리고 보복하지 않습니다. 언제나 의의 길로 갑니다. 의인의 삶을 살아갑니다. 당장은 힘들어도 우리가 그러한 삶을 살아가는 것은 궁극적으로는 더 큰 하나님의 복을 받는 길임을 잘 알기 때문입니다. 따라서 하나님의 백성으로서 살아가는 동안 언제 어디서나 의의 길을 걸어감으로 하나님이 주시는 복을 받는 복된 자들이 다 되어야 할 것입니다.

사랑하는 성도 여러분! 영적인 성숙을 향한 발돋움을 위해서는 우리가 어떻게 해야 합니까? 환난의 때, 고난의 때, 시련의 때에 하나님의 사람으로서 언제나 하나님을 나의 왕, 나의 하나님으로 부르고, 하나님만 의지하고 기도하며 나아가야 합니다. 그럴 때 우리는 영적으로 한 단계 더 성장함으로 영적으로 성숙한 삶을 살 수 있습니다. 바라기는 여러분 모두 다윗처럼 언제나 불의한 일을 버리고 의의 길을 가는 의인된 삶을 살아감으로써 하나님이 의인에게 주시는 풍성한 복을 누리시기를 주님의 이름으로 축원합니다.

영적 발돋움

2

하나님의 은혜를 가볍게 여기지 말라

창세기 25:27-33

영적 발돋움 2
하나님의 은혜를 가볍게 여기지 말라
창세기 25:27-33

들어가는 말

하나님의 사람들에게는 주어진 과제가 있습니다. 그것은 영적으로 끊임없이 성장하고 성숙해 가야한다는 것입니다. 모든 일에 범사에 하나님의 사람으로서 온전함을 향하여 발돋움을 해야 하는 과제를 우리는 모두 안고 신앙생활을 영위해 나가야 합니다.

발돋움은 오리가 물에 빠지지 않기 위하여 치는 발돋움 곧 단순히 위험에 빠지지 않기 위하여 치는 발돋움도 있지만, 무엇보다도 지금보다는 더 높은 단계에 이르기 위하여 노력하여 올라가는 발돋움도 있습니다. 우리는 영적 타락에 빠지지 않기 위하여 발돋움을 해야 하지만, 좀 더 성숙한 그리스도인이 되기 위하여 발돋움을 해야 합니다.

무엇보다 우리는 현재 어둠의 세력들과 이 세속주의의 물결, 죄악의 물결들이 넘실거리는 한가운데서 살아가고 있습니다. 그러면 우리는 어떻게 해야 합니까? 그러한 곳에 빠지지 않기 위해서는 가만히 있어서는 안 됩니다. 경건의 훈련을 지속하면서 죄와 싸우며 끊임없이 거룩한 삶을 위한 발돋움을 해야 합니다. 그래야 세상의 풍습을 따라가는 악에 빠지지 않습니다. 많은 사람들이 자신의 영혼을 성찰하지 않고 세상의 악의 한가운데서 가만히 있다가 넘어진 후 평생을 후회하며 살아가는 모습을 볼 수 있습니다.

따라서 하나님의 사람들은 그리스도의 장성한 분량에 이르기까지 끊임없이 발돋움을 해야 합니다. 영적 성장과 성숙은 시간이 가고 세월이 흐른다고 저절로 되는 것이 아닙니다. 반드시 성숙의 단계를 올라가는 수고의 땀이 있어야 합니다. 신앙 성장을 위해 노력하지 않고 자신이 하나님 앞에서 영적으로 신앙적으로 성숙한다는 것은 불가능한 일입니다. 성숙에는 언제나 그것에 도달하기 위한 수고와 노력이 수반되기 마련입니다. 그 성숙에 도달하기 위한 수고와 노력이 바로 영적 발돋움입니다.

사랑하는 성도 여러분 하나님의 사람으로 살아가면서 끊임없이 영적 발돋움을 함으로써 영적 성장과 성숙을 도모하는 자들이 되시기를 바랍니다.

우리는 지난 주일에 영적 발돋움을 하기 위해서는 올바른 신앙고백이 있어야 한다고 했습니다. 언제 어디서나 어떤 상황 속에서도 하나님은 나의 왕이시고, 나의 하나님이십니다라는 이 고백은 신앙생활의 근본이고 전부가 됩니다. 오늘은 그 두 번째로 모든 것을 가볍게 여기지 말라는 것에 대해서 은혜를 나누어 보고자 합니다.

1. 장자권을 판 에서

우리는 성경에서 하나님께서 주신 그 고귀한 영적 선물을 가볍게 여김으로써 평생을 후회하면서 살아갈 뿐만 아니라, 망령된 자로 낙인찍힌 한 사람을 찾아 볼 수 있습니다. 그 사람이 바로 우리가 잘 알고 있는 이삭의 장자인 에서입니다.

에서는 이삭과 리브가 사이에서 태어났습니다. 야곱과 쌍둥이로 태어났으나 먼저 태어났기에 장남이 되었습니다. 당시 고대 근동의 시대적 상황에서 장남으로 태어나 장자권을 소유한다는 것은 대단한 특권이었습니다. 아버지의 권위를 공식적으로 승계 받을 수 있는 권리는 오직 장자에게만 있었기 때문입니다. 당시 장자는 사회적으로도 한 가문의 대표자로 인정을 받았습니다. 유산 상속에 있어서도 다른 형제들보다 두 배나 더 많이 받았습니다. 따라서 장자인 에서에게는 야곱에 비해서 대단한 권한이 주어졌습니다.

에서는 성격이 외향적이고 단순하며 다혈질적이고 용맹스러우며 도전적이고 모험적인 성향을 가진 자였습니다. 남자의 기질을 지닌 그는 사냥을 매우 좋아했습니다. 그래서 고기를 잡아서 먹는 것을 즐겼습니다. 따라서 고기를 좋아하는 아버지 이삭은 에서를 무척이나 좋아했습니다. 장남으로서 아버지의 사랑과 지지를 받고 살아가는 에서는 삶이 너무나 행복했습니다. 그런 에서가 어느 날 열심히 사냥을 하고 집으로 돌아왔습니다. 사냥을 하기 위해 여기저기 뛰어다닌 터라 그는 너무나 배가 고픈 상태였습니다.

그때 동생 야곱은 붉은 죽을 쑤고 있었습니다. 몹시 배가 고픈 상태였던 에서는 그 죽 냄새를 맡고 눈으로 보는 순간 군침이 돌아 이렇게 말합니다. "나로 하여금 그 죽을 먹게 하라." 지금 당장 배가 고파 어찌할 줄을 몰라 하는 에서에게는 이 죽 한 그릇이 너무나 간절한 상황입니다. 순간의 식욕을 채우기 위해 자신의 영혼을 팔 수 있는 상황입니다. 이 간절한 요청을 받은 야곱은 자기의 형님이 말한 어법을 그대로 이어받아 이렇게 명령합니다. "형이 가진 장자의 명분을 오늘 내게 팔라." 히브리 성경을 보면 본문은 명령형으로 되어 있습니다.

에서는 이 순간 이렇게 생각하고 결정합니다. "내가 지금 당장 죽게 되었는데 장자의 명분이 내게 무엇이 유익하리요." 에서는 이렇게 해서 야곱에게 맹세를 하고 장자의 명분을 팔아버리고 말았습니다. 이렇게 에서는 팥죽 한 그릇을 먹고 다시금 들로 나갔습니다. 이제 야곱은 그토록 바라던 장자의 명분을 가지게 되었습니다.

우리는 위의 이야기에서 깊이 새겨야 할 귀중한 영적 메시지를 발견해야 합니다. 곧 에서가 장자의 명분을 야곱에게 판 것은 단순한 장자권의 포기 이상의 영적인 내용을 내포하고 있기 때문입니다. 34절에서는 에서가 장자의 명분을 가볍게 여겼다고 말씀하고 있습니다.

'가볍게 여기다'는 히브리어 '빠자'(בזה)라는 말에서 나온 것으로, '멸시하다, 비웃다'라는 의미를 지니고 있습니다.

즉, 에서는 하나님 나라 구속사의 주역으로 쓰임을 받을 수 있는 고귀한 위치인 영적 장자의 명분에 대해 높은 가치나 깊은 의미를 두지 않았습니다. 그는 하나님이 주신 영적인 권위에 대해서 대수롭지 않게 생각하여 가볍게 여겼습니다. 오히려 멸시하고 비웃었습니다. 그 결과 에서는 장자의 명분을 겨우 한 끼 식사거리와 거리낌 없이 바꾸어 버렸던 것입니다.

장자의 명분은 하나님께서 주신 특별한 선물입니다. 하나님께서 장자로 태어나게끔 특별한 은총을 주신 것입니다. 그러므로 장자권은 그 안에 이미 하나님의 절대 권위를 내포하고 있습니다. 따라서 이는 절대로 가볍게 여기거나 무시되어서는 안 되는 것으로서, 사고 파는 거래의 대상이 될 수 없습니다. 에서와 같이 하나님이 부여하신 장자권을 가볍게 여겨서 파는 행위는 하나님의 권위에 도전하는 것으로서 결국 중대한 범죄행위가 되는 것입니다. 그래서 히브리서 12장 16절은 그를 "망령된 자"로 칭하고 있습니다.

2. 장자권을 판 에서의 결말

그렇다면 에서가 야곱에게 장자권을 팔아버린 이유는 무엇일까요? 첫째로 마음의 생각이 깊지 못했기 때문입니다. 그는 영적으로 우둔한 자였습니다. 에서는 한날한시에 태어난 야곱을 보면서 자신을 장자로 태어나게 하신 것에 대해 감사하지 못했습니다. 하나님께는 물론이고 낳아주신 그의 부모에게도 감사하지 못했습니다. 장자 에서는 자신이 받은 축복에 감사하지 못할 뿐 아니라 그것에 큰 의미를 두지 못했습니다.

무엇보다 그는 하나님 나라의 주역으로서 장자의 권리를 주신 하나님께 감사해야 했으며, 몸을 빌려 자신을 장자로 낳아주신 부모님께도 감사해야 했습니다. 그리고 이에 그치지 않고 어떻게 하면 장자로서의 삶을 온전히 살아갈 수 있을까를 늘 고민하면서 그에 합당한 삶을 살아가기 위해 늘 노력하는 자세로 살아가야 했습니다. 아버지 이삭이 언젠가는 하나님 품으로 돌아갈 터인데, 그 때가 되면 장자인 내가 하나님 나라를 위해 이 가정과 가문을 이끌어가야 하리라는 사명과 책임감을 마음 깊이 새기고 살아가야 했습니다. 곧 장자로서 거룩한 부담감을 가지고 살아가야 했습니다.

그러나 에서는 영적으로 우둔하여 이러한 마음의 생각이 아주 얕았습니다. 아니 그러한 생각이 전혀 없었던 것을 보게 됩니다. 모든 것은 마음의 생각에서 비롯되는 것인데, 마음의 생각이 근본적으로 잘못되었기 때문에 하나님께로부터 부여받은 장자권을 단지 팥죽 한 그릇에 팔아버리는 그릇된 행동을 하고 말았던 것입니다.

둘째로 중요성에 대한 잘못된 판단을 하고 있었기 때문입니다. 배고픔의 문제는 가장 큰 문제임에는 틀림없습니다. 배고픔은 인간의 가장 원초적이고 기본적인 욕구이기 때문입니다. 그래서 우리의 옛 속담에도 '금강산도 식후경'이라는 말이 있습니다. 배고픔이 해결된 이후에야 다른 어떤 것도 할 수 있는 것이지 이 욕구가 해결되지 않은 상태에서는 다른 어떤 진전도 불가능하기 때문입니다. 결국 우리가 생활 전선에서 열심히 일하고 땀을 흘리는 이유도 가장 근본적으로는 모두 먹는 것으로부터 비롯되었다고 해도 과언이 아닐 것입니다. 먹는 문제가 이렇게 중요합니다. 우리가 짓는 죄 가운데 상당수가 먹는 문제로 인해 일어납니다. 우리 조상 아담과 하와도 먹는 문제로 인해 넘어졌습니다. 하나님이 금하신 열매를 먹고자 하나님의 뜻을 거스르며 반역을 했습니다. 오늘날 우리는 때때로 바른 진리를 위해 싸워야 함에도 먹는 문제인 가족의 생계로 인해 불의에 침묵해야 할 때가 있습니다. 사탄은 오늘날 우리의 목(식욕)을 부여잡고 흥정을 하고 있습니다.

그러나 아무리 먹는 문제가 중요하고 또 중요하다고 하더라도 장자권과는 비교할 수 없음을 알아야 합니다. 하나님의 특별한 선택에 의해 부여받은 것이고, 부모님으로부터 받은 것이기 때문입니다. 장자권은 자신이 가지려고 노력한다 해서 받을 수 있는 것이 아닙니다. 하나님으로부터 일방적인 선택에 의해 특별히 주어지는 것입니다. 하나님께로부터 거저 받는 선물이고 특권이며, 영광이고 축복입니다. 이것을 에서는 언제나 중요하게 인식하면서 살아야 했습니다. 그 무엇보다도 소중하게 여겨야 할 것으로 늘 마음에 새기고 살아야 했습니다. 팥죽 한 그릇은 장자의 명분을 사고 팔만큼 그렇게 중요하지는 않습니다. 팥죽 한 그릇을 먹지 않는다고 해서 당장 죽는 것도 아닙니다. 하나님이 에서에게 주신 은혜를 사탄이 빼앗고자 했을 때 금식하면서 그 유혹을 이겨내야 했습니다. 주님도 이 땅에 계실 때 이런 유혹을 받은 적이 있습니다. 주님이 광야에서 40일간 금식하신 후 사탄이 먹는 문제로 다가와 유혹했을 때 주님은 구약성경 신명기 8장 3절을 인용하여 "사람이 떡으로만 살 것이 아니요 하나님의 입으로부터 나오는 모든 말씀으로 살 것이라"고 말씀하시면서 사탄의 유혹을 물리쳤습니다.

당시 에서가 단지 배고픔만을 해결하고자 했으면 장자권을 팔고 팥죽을 먹는 방법 말고도 다른 방법이 얼마든지 있었을 것입니다. 아버지와 어머니의 도움을 받을 수도 있었을 것이고, 자신이 직접 죽을 쑤어서 먹을 수도 있었을 것입니다. 죽이 아닌 다른 음식을 먹을 수도 있었을 것이고, 그것도 여의치 않았다면 우선은 죽 대신 물로 배를 채우는 방법으로 자신이 가진 장자권을 지킬 수도 있었을 것입니다. 또 다른 방법으로는 장자권을 팔라는 야곱을 충분히 설득해서 다른 조건을 제안하고 팥죽을 먹을 수도 있었을 것입니다.

하지만 에서는 배고픔과 장자권 사이에서 장자권을 지키기 위한 어떠한 노력도 하지 않은 채, 단지 자신의 배고픔을 채우는 데에만 급급한 나머지 너무나도 쉽게 장자의 명분을 팔아버렸습니다. 에서는 하나님 나라를 위해 무엇이 중요하고 무엇이 덜 중요한지를 몰랐던 것입니다. 자신이 가진 장자권의 무게가 얼마나 큰지를 잘 알지 못했습니다. 그래서 가볍게 여긴 것입니다.

셋째로 에서가 장자권을 쉽게 팔 수 있었던 것은 에서에게 일시적인 감정과 기분을 조절하는 능력, 절제의 능력이 부족했기 때문입니다. 에서는 감정의 기복이 심했던 것 같습니다. 배가 고파서 금방 죽겠다고 야단을 피웁니다. 이에 그는 야곱의 제안에 솔깃해져 장자권을 주고 팥죽 한 그릇을 먹고야 맙니다. 이내 그것을 먹고 배가 부른 그는 다시 아무 일도 없었다는 듯이 금방 일어나 또다시 들로 나갑니다. 조금만 힘들어도 이내 죽을 것처럼 행동하다가 육체의 기본적인 욕구만 해결되면 아무런 생각 없이 금방 다른 일에 분주하며 삽니다. 어떠한 경우에 처하든지 깊이 생각하면서 관조하고 인내하는 법이 없습니다. 자신이 당면한 어려움이 즉시즉시 해결이 되어야 직성이 풀립니다. 신중함과 진중함이 상당히 부족합니다. 자신의 감정과 기분을 잘 조절하고 다스려야 하는 데 전혀 그렇지 못했습니다.

물론 때에 따라서는 어떠한 결정을 하기 위해서 빠르고 급하게 결정해야만 하는 상황도 있습니다. 그러나 그것이 자신의 감정과 일시적인 기분에 의해서 판단하고 결정한 것인가 하는 것은 깊이 생각을 해 보아야 합니다. 급할수록 신중함과 진중함이 그 어느 때보다도 필요합니다.

그렇다면 그럼 장자의 명분을 빼앗기고 난 이후의 에서의 모습은 어떻게 되었습니까? 결국 들사람이 되어 광야에서 유랑생활을 하는 자들의 조상이 됩니다. 즉, 에돔 족속의 조상이 됩니다. 이 에돔 족속은 이후 장자권을 가로챈 야곱의 후손들에게 늘 적대적인 관계를 형성하며 성장해 갑니다.

여러분! 예수님을 죽이는 데에 결정적인 역할을 한 왕이 누구입니까? 바로 헤롯 왕입니다. 그가 바로 에돔 족속의 후손입니다. 결과적으로 에서는 예수님을 죽이는 자의 조상이 되고 맙니다. 에서가 행한 한순간의 잘못된 결정이 그의 가정과 가문의 앞날과 장래가 하나님의 복과 거리가 멀어지는 데에까지 이르는 것을 우리는 말씀을 통해서 생생하게 볼 수 있습니다.

적용

사랑하는 성도 여러분! 우리도 세상을 살아가다 보면 에서의 입장에서 설 때가 참으로 많습니다. 늘 우리는 작은 일에서부터 큰일에 이르기까지 선택해야 하고 결정해야 하는 인생의 중대 기로에 설 때가 많습니다. 팥죽이냐 장자권이냐를 선택해야 할 때 영적인 발돋움을 위해서는 우리의 바른 선택이 불가피합니다.

우리도 에서처럼 때로는 목마름과 배고픔의 문제 앞에서 중대한 선택을 해야 할 때가 있습니다. 즉, 에서처럼 죽을 것 같은 지경에 이를 때에, 정말 힘들고 지치고 고통스러워서 죽고 싶은 절박한 그때에 선택을 해야 하는 경우가 있습니다. 혼자의 힘으로 어떻게 해야 할지를 몰라 방황하고 유리할 그때 선택을 해야 할 때가 있습니다. 그때마다 우리는 에서의 선택을 깊이 생각해야 합니다. 이것을 반면교사로 삼아 어떤 경우에서든 올바른 선택을 할 수 있어야 합니다. 올바른 선택을 하기 위해서는 어떻게 해야 합니까?

첫째, 하나님께서 내게 주신 은혜와 축복을 깊이 생각해야 합니다. 우리는 극한 상황 가운데 처하게 되면 하나님께서 나에게 주신 은혜를 망각하고 그동안 베풀어 주신 축복을 잊어버리고 가볍게 여길 때가 많습니다. 그러다 보면 영적인 발돋움을 멈추게 되고 맙니다. 그러므로 우리는 언제 어디서나, 어떤 상황 가운데 처해 있더라도 하나님께서 나에게 주신 은혜를 깊이 생각하고, 그동안 베풀어 주신 축복을 헤아려 보아야 합니다.

시편 30편에 이런 내용의 말씀이 나옵니다. 다윗은 자신을 공격하는 원수들 때문에 스올로 내려가는 것 같고, 무덤으로 내려가는 것 같은 심정이었습니다. 그러나 그보다 더 다윗을 고통스럽게 하는 것은 그때 주님께서 자신을 향하여 주의 얼굴을 가리시는 것입니다. 그래서 더욱 근심이 심했습니다. 그러나 그는 곧 7절에서 이렇게 고백합니다. "여호와께서 주의 은혜로 내 산을 굳게 세우셨더니 주의 얼굴을 가리우시매 내가 근심하였나이다." 이어 10절에서는 "여호와여 들으시고 나를 긍휼히 여기소서 여호와여 나의 돕는 자가 되소서 하였나이다"라고 부르짖습니다. 이제 부르짖음에 응답하신 하나님은 11절에서 일대 반전을 이루어 주십니다. "주께서 나의 슬픔을 변하여 춤이 되게 하시며 나의 베옷을 벗기고 기쁨으로 띠 띠우셨나이다." 다윗은 정말 힘들고 어려울 때 주께서 자신에게 베푸신 은혜가 얼마나 큰 것인가를 알기에 지금도 자신에게 하나님의 은혜를 베풀어 달라고 간구하고 있습니다. 하나님께서 자신에게 베푸신 은혜를 잊지 않고 기억하며 살고 있다는 증거입니다.

바울은 고린도전서 15장 10절에서 이렇게 말씀합니다. "그러나 나의 나 된 것은 하나님의 은혜로 된 것이니 내게 주신 그의 은혜가 헛되지 아니하여 내가 모든 사도보다 더 많이 수고하였으나 내가 아니요 오직 나와 함께하신 하나님의 은혜로라." 그리스도의 복음을 증거할 때 때로는 힘들고 어려웠습니다. 정말 지치고 피곤했습니다. 그때 바울은 고린도 교회에 편지하면서 '나의 나 된 것은 다 하나님의 은혜'라고 고백하면서 평생 동안 하나님께서 자신에게 베푸신 은혜를 기억하여 그 은혜에 보답하는 삶을 살았던 것을 보게 됩니다.

사랑하는 성도 여러분! 여러분에게 베푸신 하나님의 은혜는 무엇입니까? 나 같은 죄인을 구원하셔서 하나님의 자녀로 삼아주시고 영적인 장자권을 주신 것이 바로 은혜 중에 은혜가 아닙니까? 이것을 우리는 범사에 기억하고 감사하면서 선택의 순간순간마다 은혜에 따라서 선택해야 합니다.

둘째, 영적인 것에 가치를 두어야 합니다. 선택의 기로에서 어디에 가치를 두느냐 하는 것은 대단히 중요합니다. 한 그릇의 팥죽인가, 아니면 장자권인가? 어느 것이 더 중요합니까? 우리가 일상에서 먹고 마시는 것, 입고 사는 것은 우리가 이 세상을 살아가기 위해서는 없어서는 안 될 매우 중요한 것입니다. 그러나 영적인 사람에게는 이보다 더 중요한 것이 있습니다. 즉, 우리가 먼저 중요시해야 할 것은 영적인 것입니다. 육적인 만족보다 영적인 만족이 먼저이며 더 중요하게 여겨야 하는 것입니다.

예수님께서 광야에서 금식하신 후 사탄으로부터 받은 시험 가운데 첫 번째 시험이 무엇입니까? 그것은 바로 돌로 떡덩이가 되게 하라는 것이었습니다. 그때 예수님은 다음과 같은 말로 단호히 그 시험을 물리치십니다. "사람이 떡으로만 살 것이 아니요 하나님의 입으로부터 나오는 모든 말씀으로 살 것이라."(마 4:4)

인생은 하나님의 말씀을 따라 살 때 행복한 삶을 살 수 있습니다. 예수님은 마태복음 6장 31-32절에서 "무엇을 먹을까 무엇을 마실까 무엇을 입을까 하지 말 것을 명하시며 이 모든 것이 너희에게 있어야 할 줄을 아시느니라"고 하셨습니다.

그런 후 마태복음 6장 33에서는 "그런즉 너희는 먼저 그의 나라와 그의 의를 구하라 그리하면 이 모든 것을 너희에게 더하시리라"고 하셨습니다. 하나님의 나라는 눈에 보이지 않습니다. 그러나 눈에 보이는 그 어떤 것보다 더 중요하다는 것입니다. 이것을 알기에 많은 사역자들이 하나님 나라를 위해 헌신했습니다. 또 이것을 알기에 모든 것을 뒤로 하고, 아니 자신의 목숨까지도 아끼지 아니하고 복음전파에 힘쓰는 것입니다. 사랑하는 성도 여러분! 어떠한 어려움 가운데서도 하나님께서 주신 영적인 장자권을 우리가 끝까지 빼앗기지 아니하고 지키면 하나님께서 우리의 모든 것을 책임져 주실 줄을 믿습니다.

셋째, 자신의 감정을 잘 조절하고 다스려야 합니다. 사람은 이성과 감정이 있습니다. 이성과 감정이 평정 상태에 있을 때는 문제가 되지 않습니다. 그러나 감정이 상했을 때 그때 바르게 판단하고 선택하는 것이 중요합니다. 혹자는 말하기를 천하를 다스리는 것보다 자신의 감정을 다스리기가 더 어렵다고 합니다. 그만큼 자신의 감정을 다스리는 것이 어렵다는 것입니다. 그러므로 우리는 무엇보다도 자신의 감정을 잘 다스릴 줄 아는 경지에 도달해야 합니다. 옛말에 3번 참으면 살인도 면한다는 말이 있습니다. 감정 다스림의 중요성을 강조한 말입니다. 여러분은 모두 에서와 같이 되지 마시고 예수님을 깊이 생각하면서 잘 선택하여 한 시대에 영적인 발돋움을 가짐으로 하나님 나라에 귀하게 쓰임받기를 주님의 이름으로 축원합니다.

영적 발돋움

3

영적 갈망

창세기 25:27-34

영적 발돋움 3
영적 갈망

창세기 25:27-34

들어가는 말

　세계 최초로 에베레스트 산 정상에 오른 산악인이 있습니다. 그는 뉴질랜드 출신인 에드먼드 힐러리(Edmund Hillary)입니다. 이 사람은 1953년에 영국의 에베레스트 산 원정대원으로 선발이 되어 세르파인 텐징 노르가이(Tenzing Norgay)와 함께 에베레스트 산 정상에 처음으로 올랐습니다. 이 일로 그는 영국의 엘리자베스 여왕으로부터 기사 작위 신분을 얻었습니다. 에베레스트 정상에 오른 대가로 예기치 않게 지위와 명예와 부를 한 손에 거머쥐게 된 그에게 기자가 물었습니다. "어떻게 해서 에베레스트 산에 오르게 되었습니까?" 기자의 질문에 그는 이렇게 대답했습니다. "한발 한발 올라갔지요. 진정으로 뭔가를 바라는 사람은 목표를 이룰 때까지 올라갑니다. 믿음을 가지고 올라가면 정상이 나옵니다. 안 된다고 좌절하는 것이 아니라 방법을 달리하면 됩니다. 방법을 달리해도 안 될 때는 원인을 분석합니다. 분석해도 안 되면 연구합니다. 이쯤 되면 운명이 손을 들어 주기 시작합니다."

하나님의 사람들에게도 영적인 고지가 있습니다. 올라가야 할 정상이 있습니다. 성숙한 그리스도인, 온전한 그리스도인, 신의 성품에 참여한 그리스도인, 범사에 그리스도에게까지 자라는 그리스도인이 되어야 합니다. 범사에 그리스도를 닮아가고 그리스도의 향기를 발하는 그리스도인이 되어야 합니다. 올라갈 수 없다고, 안 된다고, 할 수 없다고 말하면 안 됩니다. 우리 가운데 계신 성령의 도움을 의지하며 힘이 들어도 한발 한발 발돋움을 하면 마침내 그날이 그 때가 올 것이기 때문입니다. 즉, 마침내 "내 마음에 합한 자가 되었구나, 나를 본받은 자가 되었구나"하는 그날이 반드시 올 줄로 믿습니다. 우리는 그날이 올 때까지 성령을 의지하면서 영적 발돋움을 해야 합니다. 묵묵히, 그리고 꾸준히 말입니다.

영적 발돋움이란 주제를 가지고 세 번째 말씀을 나누고 있습니다. 그렇다면 영적 발돋움을 잘하려면 어떻게 해야 합니까?

1. 하나님의 언약

하나님은 나의 왕이시고 살아계신 나의 주이십니다. 우리는 언제 어디서나, 어떤 상황 속에서도 이 신앙고백을 하며 하나님의 자녀로서 신분에 부합하는 삶을 살아가야 합니다. 장자의 명분, 하나님의 자녀의 명분, 그리스도인의 명분을 가볍게 여기면 안 됩니다. 영적인 거룩한 갈망을 가져야 합니다. 영적인 사모함과 갈망과 열망을 소유할 때에야 비로소 영적인 발돋움을 잘할 수 있기 때문입니다.

성경 속에 등장하는 인물 중에, 영적인 목마름과 갈망과 열망을 가장 많이 소유한 자로 우리는 야곱을 꼽을 수 있습니다. 야곱은 이삭의 둘째 아들로 태어났습니다. 그는 첫째로 태어나고 싶어서 형의 발꿈치를 잡았지만, 결국은 먼저 나오지 못하고 둘째로 태어났습니다. 그래서 그는 은연중에 둘째가 아닌 첫째가 되고 싶다는 욕망을 품고 있었습니다. 장남이 되고 싶었습니다. 장남은 가족들로부터 주목을 받습니다. 사랑을 더 많이 받습니다. 가족과 가문의 대표성을 가집니다. 그러므로 유산을 배나 더 가질 수 있습니다. 특별히 아버지의 모든 관심이 장남에게 집중되면서 아버지를 통해 하나님께로부터 모든 축복을 받을 수 있었습니다.

따라서 야곱은 장자의 명분을 갖고자 갈망하였습니다. 야곱은 동생으로서 형 에서의 행동을 유심히 살펴보았습니다. 그러나 형 에서는 장자로서의 감사함도, 기쁨도, 행복감도, 별로 느끼지 못하는 것 같았습니다. 게다가 장자권에 대한 소중함과 귀중함이 전혀 없으며, 그것에 대해 특별하게 여기지도 않은 것 같았습니다. 야곱의 편에서 볼 때, 에서에게 있어서 장자권이란 한낱 명분에 불과할 만큼 가볍게 여길 만한 아주 작은 것에 불과한 것이었습니다.

형 에서의 이러한 모습을 보면서 야곱은 생각합니다. "장자권은 여느 다른 것과 마찬가지로 가볍게 치부하고 말 것이 아닌 대단한 특권인데 형은 그러한 장자권을 아무 것도 아닌 것으로 여기는구나." 형의 이러한 태도를 보면서 야곱은 대단한 결심을 하기에 이릅니다. 언젠가 기회가 되면 장자권을 반드시 자신의 것으로 만들겠다고 말입니다. 이에 그는 형 에서의 장자권을 빼앗을 기회만 호시탐탐 노렸습니다.

그런데 야곱은 다른 사사로운 이유에서 장자권을 얻으려 했던 것이 아닙니다. 그는 좀 더 크고 깊은 차원, 즉 하나님의 약속의 차원, 곧 언약의 차원에서 장자권을 갖고자 갈망했습니다. 창세기 25장 23절은 야곱과 에서의 관계를 이렇게 설명하고 있습니다. "여호와께서 그에게 이르시되 두 국민이 네 태중에 있구나 두 민족이 네 복중에서부터 나누이리라 이 족속이 저 족속보다 강하고 큰 자가 어린 자를 섬기리라 하셨더라."

이삭은 40세에 결혼을 했습니다. 그런데 결혼 후 이십 년 동안 아이가 생기지 않아 마음고생이 아주 심했습니다. 이에 이삭은 하나님께 자식을 달라고 간절히 기도했습니다. 하나님께서는 결국 그의 기도를 들으시고 리브가에게 쌍둥이를 임신하게 하셨습니다. 그런데 그 아들들이 태속에서 서로 싸우기 시작합니다. 이삭은 이에 대해 하나님께 묻습니다. 하나님께서는 태중에 두 민족이 있으며, 두 민족이 태중에서 나뉘게 될 것이며, 이 족속이 저 족속보다 강하고, 큰 자가 어린 자를 섬기게 될 것임을 말씀해 주십니다. 여기서 이 족속은 야곱을 통해서 생겨질 족속입니다. 야곱은 둘째이기에 어린 자입니다. 그런데 이 어린 자가 강한 족속이 되고, 섬김을 받을 족속이 된다는 것입니다. 이것이 하나님의 약속이고 언약입니다.

2. 장자권에 대한 야곱의 갈망

하지만 세월이 많이 흘러도 야곱이 현재 상황을 가만히 살펴보니 자신이 강한 족속이 될 가능성이 전혀 보이지 않습니다. 따라서 섬김을 받을 가능성도 전혀 없어 보입니다. 이에 야곱은 팥죽을 달라고 하는 에서에게 이때가 기회다 싶어 에서의 장자권과 팥죽을 맞바꾸어 자신이 장자권을 획득하려 합니다. 역사를 주권적으로 섭리해 가시는 하나님의 은혜의 때를 기다리지 못하고 하나님의 은혜의 선물을 인간적인 방법으로 얻고자 합니다. 야곱은 장자의 명분을 자신에게 달라고 너무나 당당하게 요구하고 있습니다. 에서를 향한 이러한 요구를 통해서 야곱은 원래 장자권은 자신의 것이며, 단지 형은 먼저 나왔을 뿐이지 본래 장자권은 야곱 자신에게 주어진 것이라는 본인의 생각을 잘 드러내 주고 있습니다. 동시에 장자권에 대한 야곱의 갈망이 얼마나 크고도 깊은 것인가도 잘 보여줍니다.

그렇다면 야곱이 장자권에 대해 그토록 갈망을 하게 된 이유는 무엇입니까? 하나님께서 아버지 이삭에게 약속한 것을 믿었기 때문입니다. 이삭은 리브가에게 말했을 것입니다. 두 민족에 대한 말씀 말입니다. 그래서 리브가는 야곱을 언제나 데리고 다니면서 이런 말을 했을 것입니다. "야곱아 너는 강한 족속이 될 거야, 너의 형이 너를 섬기게 될 거야." 야곱은 어머니 리브가의 이 말을 가슴 속 깊이 새겼습니다. 그러나 시간이 지나고 세월이 지나 아버지 이삭이 나이가 많아 죽음을 앞둔 시점에도 어떠한 기미도 보이지 않자 본인 스스로 기회를 만들어 장자의 명분을 사 장자권을 자신의 것으로 만들고자 합니다. 하나님께서 분명히 약속을 하셨다면 하나님의 은혜의 때를 기다릴 줄 아는 믿음이 절대 필요함을 우리 모두 기억합시다.

3. 하나님이 주시는 복

야곱은 장자의 명분보다 더 중요하게 여긴 것이 있었습니다. 그것은 하나님이 베풀어 주시는 복이었습니다. 장자권보다 더 중요한 것은 그 명분을 주신 하나님과 하나님이 주시는 복이 중요하다는 것입니다.

아버지 이삭은 하나님을 잘 믿었던 사람입니다. 이에 따라 하나님의 축복도 많이 경험했습니다. 그러나 이러한 이삭도 영적으로는 무지하여 하나님의 뜻이 아닌 자기 마음과 생각대로 복을 주려했던 것을 보게 됩니다. 집안의 장자로서 자신이 좋아하는 고기를 잡아와 자신을 잘 대접하는 에서를 마음으로 너무 좋아해서 이삭은 그에게 축복하고자 했습니다. 그렇다면 에서는 어떻습니까? 그는 하나님에 대한 마음과 생각이 전혀 없습니다. 그러므로 그는 하나님이 주시는 복이 아니라, 아버지 이삭이 주는 복을 언제나 사모했습니다.

그러나 야곱은 어머니 리브가를 통해서 하나님이 부어주시는 복이 진정한 복임을 깨닫습니다. 그의 어머니 리브가를 통해서 그는 이 진리를 배웠습니다. 하나님이 주시는 복을 사모해야 하며, 그것을 사모하고 갈망하면 하나님께서 큰 복을 주실 것임을 확신했습니다. 하나님이 주시는 복에 대한 큰 갈망은 결국 야곱으로 하여금 장자권을 사서 그 하나님의 축복권을 자신의 것으로 만드는 데까지 이르게 했습니다.

야곱은 이렇게 자신의 모든 지혜, 모든 기회, 모든 노력을 다하여 장자권을 가지게 되었습니다. 하나님의 축복하심과 역사하심 앞에 한걸음 한걸음 발돋움을 했습니다. 야곱은 생각했습니다. '기회는 항상 있는 것이 아니다. 어쩌면 이것이 마지막 기회다'라는 의식을 가졌습니다. 그래서 때로는 힘들고, 자존심이 상하는 경우도 있었고, 때로는 엄청난 오해도 받고, 위험 가운데 처하게 되기도 했지만, 기회를 놓치지 않고 최선을 다한 결과 하나님의 큰 복을 받는 자가 되었습니다. 자신이 그토록 원하던 장자권을 획득함으로써 하나님의 축복권까지 가지는 자가 됩니다.

적용

사랑하는 성도 여러분! 우리가 신앙생활하면서 하나님께서 원하시고 바라시는 단계까지 올라가기 위해서는 영적인 갈급함과 목마름이 있어야 합니다. 그러한 갈망이 있을 때 변화가 있습니다. 성장과 성숙함이 있습니다.

인간의 신체를 연구하는 자들에 따르면 신체의 80%가 수분으로 되어 있다고 합니다. 사람의 뇌, 뼈, 몇몇 장기를 제외하고는 모두 수분으로 구성되어 있다는 것입니다. 그러므로 사람의 몸에 수분이 부족하면 원활한 신체활동을 할 수 없습니다. 수분이 충분이 공급되어야 신체가 건강해지며, 성장하게 됩니다.

그런데 이상하게 사람이 수분이 온 몸에서 빠져 나가는데도 갈증을 느끼지 않고, 물을 마시지 않는다면 어떻게 되겠습니까? 이런 상태가 지속된다면 사람이 마르게 되고, 그러한 상태가 계속 더 지속된다면 뼈만 앙상하게 남게 됩니다. 그러다 결국 탈진하여 죽게 됩니다.

그러나 정상적인 사람들, 건강한 사람들, 성장하는 사람들은 몸에 수분이 모자랄 때 몸에서 신호를 보내어 우리로 하여금 갈증을 느끼게 하고, 이에 따라 물을 섭취함으로써 몸에서 부족한 수분을 정상적으로 공급함으로 건강과 성장을 도모합니다.

영적인 세계도 마찬가지입니다. 영적으로 건강하고 성숙한 신앙인이 되기 위해서는 끊임없이 영적인 것을 갈망해야 합니다. 열망해야 합니다. 사모해야 합니다. 갈증을 느껴야 합니다. 그러나 세상은 우리가 더 이상 영적 갈망을 하지 못하도록 훼방을 합니다. 어둠의 세력들은 갖가지 방법으로 우리가 영적인 갈망을 가지지 못하도록 장애물을 갖다 놓습니다. 그 장애물은 믿는 각 개인의 상황에 따라 여러 가지 형태로 우리 앞에 놓여집니다. 한 가지 예를 들면, 믿었던 사람들에게 실망감을 갖게 하고, 회의감을 느끼게 하며, 배신감을 가지게 합니다. 낙심하게 만들어 포기하게 합니다. 종국에는 영적으로 병들게 만들면서 영적으로 앙상한 뼈만 남게 합니다. 신앙의 외향인 종교적인 모습만 유지하게 만들고, 내용물은 모두 메말라버려 성령과 동행함이 없는, 영적 능력이 없는 신자가 되고 맙니다. 따라서 하나님의 사람들은 이러한 영적인 상황을 직시하고 끊임없이 영적인 갈망을 해야 합니다. 그래야만 건강하고 성숙한 신앙을 항상 유지하며 언제나 승리하며 살아갈 수가 있습니다. 그렇다면 야곱처럼 영적인 갈망을 끊임없이 하기 위해서는 어떻게 해야 합니까?

첫째, 하나님의 약속을 굳게 믿어야 합니다. 하나님께서 우리에게 하신 약속이 무엇입니까? 이사야 43장 1절은 "야곱아 너를 창조하신 여호와께서 이제 말씀하시느니라 이스라엘아 너를 조성하신 자가 이제 말씀하시느니라 너는 두려워 말라 내가 너를 구속하였고 내가 너를 지명하여 불렀나니 너는 내 것이라"고 말씀하고 있습니다. 그렇습니다. 우리는 모두 하나님의 것입니다. 하나님께서 우리를 보배롭고 존귀한 자로 여기시며, 우리를 향한 극진한 사랑으로 언제나 우리와 함께해 주십니다. 우리는 하나님께서 우리에게 하신 이 약속의 말씀을 가슴 깊숙이 새겨야 합니다. 하나님의 사람은 언제 어디서나 이 약속의 말씀을 굳게 믿고 붙잡아야 합니다. 우리의 삶이 형통할 때든지, 아니면 힘들고 어렵고 고통스러울 때에라도 이 약속의 말씀을 굳게 붙잡고 있으면 영적인 갈망을 하게 됩니다.

둘째, 하나님은 바로 나를 통해서 일하시기를 원하신다는 것을 확신해야 합니다. 사실 하나님은 에서에게도 복을 주어 한 민족을 이루고 하나님 나라를 이 땅에 세워가기를 원했습니다. 그러나 영적으로 무지한 그는 하나님의 은혜를 붙잡지 못했습니다. 에서가 누구입니까? 고기만 좋아하는 사람입니다. 인간의 본능적인 욕구만을 채우기에 급급합니다. 절제와 인내가 부족한 사람입니다. 자신의 생각, 자신의 기질대로 살아가고자 하는 사람입니다. 무엇을 먹을까, 무엇을 입을까, 무엇을 마실까에만 집중하는 사람입니다. 그러므로 하나님은 이러한 에서를 멀리하셨습니다.

그래서 하나님은 부족한 부분이 많지만 영적으로 민감한 야곱을 통해서 일하시기를 원하셨습니다. 야곱은 이것을 알았습니다. 자신을 통해서 일하시기를 원하시는 하나님의 섭리를 알았습니다. 그래서 영적 갈망을 가졌던 것입니다. 하나님은 이러한 영적 갈망을 가진 야곱을 들어 사용하셨습니다. 하나님은 자신을 향한 영적 갈망을 가지고 하나님께로 나아오는 자들에게 하나님은 큰 은총을 베풀어 주셨습니다. 이에 야곱은 이스라엘 민족의 시조가 되었습니다. 영적인 것을 갈망하는 자에게 부어주시는 하나님의 은총이 얼마나 큰지를 우리는 야곱의 이야기를 통해서 알 수 있습니다.

그러한 하나님께서 예수 그리스도 안에서 우리를 야곱의 후손으로 삼아 주셨습니다. 새 이스라엘로 삼아 주셨습니다. 그리고 우리를 통해서 영광을 받으시기를 원하십니다. 우리를 통해서 하나님의 거룩한 뜻을 이루어 가시기를 원하십니다. 우리를 통해서 하나님의 나라를 세우고 확장하기를 원하십니다. 우리를 통해서 하나님의 거룩한 공동체를 세우기를 원하십니다. 그 하나님의 원하심을 우리의 힘과 능력으로 도무지 감당할 수 없습니다. 우리의 지혜로도 감당할 수가 없습니다. 그런 까닭에 성령을 의지해야 합니다. 하나님의 뜻을 이루기 위해서는 하나님의 영으로 충만해야 합니다. 하나님의 능력으로 무장해야 합니다. 하나님의 지혜가 필요합니다. 이 땅에 하나님의 역사가 이루어져야 합니다. 그래서 하나님의 뜻을 이루기 위해 영적인 거룩한 갈망을 가져야 합니다. 무엇보다 하나님의 지혜와 능력과 의를 구하며 기도해야 합니다.

우리는 이렇게 기도해야 합니다. "하나님! 나의 영적 갈망을 채워주십시오. 하나님의 은혜로 택하신 우리를 통해서 일하시는 주님! 주님의 뜻을 이루기 위해서는 나에게 주님의 은혜가 절대 필요합니다. 주님의 능력이 필요합니다. 성령님의 지혜와 능력이 필요합니다. 하나님의 크신 사랑이 필요합니다. 하나님의 긍휼이 필요합니다. 나의 부족함과 연약함 가운데 주의 은혜를 부어주시고 채워주셔서 주님의 뜻을 이루게 하옵소서."

요한복음 7장 37절은 이렇게 말씀합니다. "… 예수께서 서서 외쳐 가라사대 누구든지 목마르거든 내게로 와서 마시라." 여기서 '마시라'는 말은 단회로 마시는 일을 끝내는 것이 아니라 '계속적으로, 끊임없이 마시라'는 뜻입니다. 그 영적인 목마름이 채워질 때까지 말입니다. 우리는 삶의 마지막까지 하나님의 은혜의 생수를 끊임없이 마시지 않으면 온전히 살아갈 수 없습니다. 그러므로 우리는 이 땅을 살아갈 동안은 끊임없이 하나님이 주시는 영의 생수를 마셔야 합니다.

우리는 언제나 영혼의 목마름을 채워주시는 주님께 나가야 합니다. 위로부터 임하는 은혜의 생수를 날마다 마시며 살아야 합니다. 그리고 주님의 이름으로 외쳐야 합니다. "주님 은혜 없이는 단 한순간도 살 수 없습니다"라고 말입니다. 타는 목마름으로 하나님의 은혜의 생수를 구하는 자는 매일 폭포수 같은 은혜를 경험하게 될 것입니다. 사랑하는 성도 여러분! 영적 갈망을 간구하는 자에게 끊임없이 부어주시는 하나님의 은총을 경험하며 거룩하게 살아갑시다.

영적 발돋움

4

영적 분별력

창세기 27:41-45

영적 발돋움 4
영적 분별력
창세기 27:41-45

들어가는 말

우리가 이 세상을 살아가는 데 있어서 분별력을 가지고 살아간다는 것은 대단히 중요합니다. 무엇이 옳고 그르며, 무엇이 더 중요하고 덜 중요한지를 분별하는 것은 세상을 바르게 살아가는 데 매우 중요한 덕목이 될 수 있습니다. 이와 더불어서 믿어야 할 것과 믿지 말아야 할 것에 대한 분별력을 가지는 것 또한 세상을 살아가는 데 너무나 중요한 요소가 됩니다. 이것은 삶의 큰 지혜라고 할 수 있습니다. 혹자는 인생의 행복과 불행은 분별력에서 온다고 했습니다. 그래서 속도보다 더 중요한 것은 방향이라고 했습니다. 분별해서 방향을 잘 정하고 속도를 내야 의미가 있다는 것입니다. 무엇보다 영적 분별을 잘해야 합니다. 분별을 잘하면 지속적으로 성장하고 성숙해집니다. 영적인 분별이 뛰어난 자들이 하나님의 큰 사람이 되어 선하고 좋은 영향력을 끼치게 됩니다. 뿐만 아니라 자신이 속한 공동체를 행복하게 만드는 자들이 됩니다.

그러나 영적으로 분별을 잘못하게 되면 영적인 침체와 퇴보에 빠진 자들이 되고 평생을 후회하는 어리석은 자가 되고 마는 것입니다. 이삭의 가정과 에서와 야곱의 각 가정을 살펴보면 영적인 분별력을 올바로 가지지 못함으로 인해 얼마나 큰 상처와 아픔과 고통과 눈물을 많은 흘렸는지 모릅니다. 심지어는 가정 전체가 흔들렸던 것을 보게 됩니다. 이제 이들의 가정을 살펴보면서 은혜를 나누고자 합니다.

1. 아버지 이삭

동서고금을 막론하고 한 가정의 가장의 역할은 대단히 중요합니다. 가정의 가장이 바로 서야 가정이 바로 설 수 있기 때문입니다. 한 가정의 가장은 가정의 튼실한 버팀목이라 할 수 있습니다. 버팀목을 튼튼히 세워 지은 집은 결코 무너지지 않습니다. 마찬가지로 한 가정의 가장이 든든히 서 있으면 그 가정은 건실하게 유지될 수 있습니다.

이삭은 하나님의 특별한 은총을 받은 자로서 하나님의 놀라운 축복을 경험한 자입니다. 하나님의 언약의 말씀, 즉 약속의 말씀도 직접 들은 자입니다. 누구보다도 하나님의 역사를 많이 경험한 자입니다. 그런데 이삭에게 문제가 하나 있습니다. 그는 자신이 좋아하는 것만

취하고 따른다는 것입니다. 하나님을 믿으면서도 세상의 풍습을 좇아 세상적인 계보나 전통을 따르기를 원했습니다. 그는 특별한 식탐을 가지고 있었습니다. 특별히 에서가 사냥해서 잡아오는 고기를 너무나 좋아해서 에서만 편애를 했습니다. 그는 언제나 자기가 하고 싶은 것을 하기를 원하는 자입니다. 객관성과 공정성을 잃어버렸습니다. 왜 그러한 현상이 나타났습니까? 영적인 분별력이 없었기 때문입니다.

만일 이삭에게 하나님 나라를 향한 열정과 영적인 분별력이 있었더라면 에서보다는 야곱에게 그의 마음과 생각이 더 가야 했습니다. 그리고 야곱에게 장자의 복을 선포했어야 했습니다. 하나님께로부터 친히 말씀을 들었기 때문입니다. 그런데 그의 마음과 생각은 언제나 에서에게 있었습니다. 에서만 사랑하고 축복하기를 원했습니다. 이유가 무엇입니까? 앞서 언급한 바와 같이 그의 신앙이 식어서 영적 분별력을 잃어버렸기 때문입니다. 하나님의 말씀에 대한 분별력을 잃어버렸습니다. 그래서 가정을 어지럽게 만들어 놓았습니다.

2. 어머니 리브가

한 가정에 아버지가 중요한 만큼 어머니의 역할 또한 대단히 중요합니다. 주로 아이들은 어머니의 손에서 양육되고 자라나기 때문에 어머니의 품성과 성향은 아이들에게 지대한 영향을 미치게 됩니다.

감리교 창시자인 요한 웨슬리는 어머니의 기도와 사랑의 깊은 영향을 받아 복음 전파자로서 교회사의 큰 족적을 남겼습니다. 자녀는 가장인 아버지가 미치지 못하는 부분을 어머니에 의해 채우게 됩니다. 혹여 아버지가 잘못된 생각이나 판단을 하게 되면 그 부분을 바르게 잡아줄 수 있는 사람은 어머니 밖에 없습니다. 그래서 어머니의 역할은 매우 큽니다. 그런데 이러한 역할을 해야 할 어머니가 영적 분별력을 갖지 못한다면, 그 가정 역시 혼란스러울 수밖에 없습니다.

이삭의 아내이자 두 아들 에서와 야곱의 어머니인 리브가는 아브라함의 친척입니다. 그녀는 하나님의 전적인 은혜로 이삭을 만나 결혼함으로써 인생의 큰 고난 없이 평탄한 삶을 살아왔습니다. 하나님의 크신 은총을 입어 결혼 이십 년 만에 쌍둥이를 가지게 되었습니다. 그녀는 이제 두 민족을 가진 것입니다. 두 민족의 어미가 된 것입니다. 그녀는 하나님의 약속을 가졌으며, 하나님의 비전을 가슴에 품고 살았습니다.

그런데 이런 리브가에게도 문제가 있었습니다. 그녀 또한 남편 이삭과 마찬가지로 자녀를 편애했습니다. 큰 아들 에서보다는 언제나 야곱에게 더 관심과 애정을 가졌습니다. 야곱으로 향한 그녀의 애정은 결국 야곱을 큰 아들 에서인 것처럼 속여 야곱이 장자의 축복권을 가지게 하는 데 결정적인 역할을 합니다. 언약에 신실하신 하나님의 약속을 기다리며 조용히 기도하면서 하나님의 섭리를 기다리는 지혜로운 여인이 되지 못했습니다.

그녀는 이삭과 에서 사이에 주고받는 대화를 엿듣고 야곱에게 에서의 모습으로 변장을 시킵니다. 에서의 옷을 야곱에게 입히고 에서처럼 야곱의 몸에 동물의 털을 붙입니다. 눈이 어두운 이삭에게는 영락없는 에서의 모습입니다. 그리고 야곱에게 염소를 잡아오게 해서 에서가 잡아온 고기처럼 별미를 만듭니다. 그리고 이삭에게 들어가게 합니다. 리브가의 거짓된 위장은 완벽하여 한 치의 의심을 가질 수 없도록 이끌어 결국 야곱을 기만하고 말았습니다. 이 일로 인해 가정의 구성원들이 서로 속이고 속는 관계가 되고 맙니다.

리브가는 왜 이러한 행동을 하는 것일까요? 그것은 영적인 분별력의 부재 때문입니다. 하나님께서 야곱에게 말씀하시고 약속하신 것은 반드시 하나님의 때에, 하나님의 방법으로 이루어 주실 텐데, 자기들의 생각과 방법이 앞선 것입니다. 조급증이 속임수라는 불의한 방법을 불러왔습니다. 이 일로 인하여 리브가는 자신이 살아생전에 그토록 사랑했던 야곱을 이후 더 이상 보지 못하고 죽는 불쌍한 어머니가 되고 말았습니다.

3. 둘째 아들 야곱

야곱은 전폭적인 어머니의 사랑과 관심을 받고 자라면서, 비교적 순탄한 삶을 살았습니다. 그러나 그는 개인적으로 욕심이 많고 야망이 큰 사람이었습니다. 자신이 마음먹은 것은 반드시 이루고서야 직성이 풀리는 자였습니다. 형의 장자의 명분을 팥죽 한 그릇에 빼앗아 오고야 마는 열정의 사람이고 갈망의 사람이었습니다. 어머니와 함께 거짓으로 아버지와 형을 속이고 심지어는 하나님을 속이면서까지 아버지 이삭을 통해서 하나님의 축복의 말씀을 받으려 했습니다.

이러한 행태를 볼 때, 야곱은 아주 간교한 자입니다. 하나님을 두려워하지 않는 야비하고 무서운 자라 할 수 있습니다. 목적을 위해서라면 거짓말과 속임수도 서슴지 않는 사람이며, 탐욕과 야망으로 똘똘 뭉친 자였습니다.

야곱이 왜 이렇게 되었을까요? 부모의 살아있는 영성을 물려받지 못했기 때문에 그 역시 영적으로 무능력하여 영적인 분별력이 없었습니다. 하나님의 언약의 말씀을 굳게 믿고 있었다면 기다리면 될 것입니다. 하나님께서는 하나님의 선한 방법으로 때가 되면 약속대로 장자권도 축복의 말씀도 주실 것이기 때문입니다. 즉, 언제나 식언치 않으시고 변개치 않으시는 하나님은 때가 되면 자신이 하신 약속은 반드시 행하시는 하나님이시기 때문입니다. 그렇지만 신앙의 깊이가 아주 얕은 그는 하나님의 약속을 더 이상 기다리지 못했습니다. 자기의 욕심과 탐욕으로 인해 자신의 수단과 방법으로 하나님의 약속을 얻으려 했습니다. 이것은 하나님 보시기에 합당한 방법이 결코 아닙니다.

4. 맏아들 에서

에서는 장자로서 아버지의 총애를 한 몸에 받은 사람입니다. 그래서 그는 아버지를 위해서라면 언제든지 사냥을 하러가는 효자였습니다. 자신의 삶보다는 아버지를 위한 삶을 살아갔던 자였습니다. 그러나 성격이 단순하고 급한 면을 가지고 있었습니다. 이러한 에서의 성격은 배고픔을 견디지 못하고 그만 야곱의 꾐에 빠져 장자의 명분을 팔아버리는 대목에서 잘 드러납니다. 그는 팥죽 한 그릇에 야곱에게 장자권을 팔고 아버지의 축복의 말씀도 동생에게 빼앗기고 말았습니다.

그는 아버지께 효도하며 나름대로 열심히 산다고 살았지만, 영적인 지각이 없었기에 자신의 인생에서 얻은 것은 아무것도 없었습니다. 졸지에 동생보다 약한 자가 되었고 오히려 동생을 섬기는 자가 되었습니다. 어쩌면 이것은 하나님께서 일찍이 정해 놓으신 것입니다. 이미 전에 약속의 말씀으로 선포되었던 것입니다. 그는 전에 아버지 이삭으로부터 이 사실을 익히 들었을 것입니다. 그렇다면 순종하며 받아들여야 했습니다. 비록 내키지 않을지라도 하나님의 뜻이므로 인정하고 수용했어야 했습니다.

사실 그의 인간적인 입장에서 본다면 능히 섭섭하고 억울한 마음이야 이루 말할 수 없었을 것입니다. 엄연히 자신이 이 가정의 장자이기에 장자의 축복은 당연히 자신의 것이 되어야 할 터인데, 동생 야곱에게 이 모든 것을 빼앗겼으니, 그것도 거짓과 속임수로 자신이 받을 축복을 동생에게 송두리째 빼앗긴 그 심정이야 오죽하겠습니까? 하지만 그렇다 하더라도 하나님이 정하신 뜻을 우리 인간이 어떻게 할 수는 없는 노릇입니다. 하나님은 자신이 정하신 뜻은 반드시 이루시는 신실하신 하나님이시기 때문입니다. 그러므로 비록 이 상황이 이해가 가지 않고 고통스러울지라도 현실을 수용하고 받아들여야 합니다. 장자권을 야곱에게 주는 것이 분명한 하나님의 뜻이기 때문입니다. 에서가 영적으로 깨어 있어 하나님의 섭리를 수용하고 자신의 자리에서 하나님의 나라를 위해서 헌신했다면 하나님으로부터 복을 무한히 받았을 것입니다.

그러나 에서는 이러한 상황 가운데서 어떻게 반응합니까? 야곱을 미워합니다. 장자권을 빼앗고 축복을 가로챈 야곱에게 원한을 품고, 심지어는 야곱을 죽이리라 마음먹습니다. 야곱을 향한 그의 원한은 이십 년의 세월 동안 계속되어 그를 지옥의 삶을 살아가도록 이끌었습니다. 에서는 그 긴 세월을 왜 이토록 고통 가운데서 지내야 했습니까? 그 역시 영적 분별력이 없었기 때문입니다. 신앙이 깊지 못하면 인간은 불행한 삶을 살 수밖에 없습니다.

5. 영적 분별력의 부재로 인한 고통

영적 분별력을 잃은 채 살아갔던 이삭의 가정이 어떻게 되었습니까? 결국은 풍비박산이 나고 말았습니다. 야곱은 형의 분노로 말미암아 도망자가 되어, 결국 정들었던 아버지 어머니의 품을 떠나 타향에서 온갖 설움과 고난을 감내하며 힘든 나그네 생활을 하며 살아야 했습니다. 서로 사랑하고 살아야 할 소중한 가정이 인간의 죄와 탐욕으로 깨어지고 말았습니다. 야곱은 자신의 죄악으로 인해 형의 미움을 받아 자신이 나고 자란 고향과 사랑하는 가족을 떠나 힘겹게 살아가는 처지가 되었습니다.

한편 어머니 리브가는 사랑하는 아들 야곱을 더 이상 보지 못하며 평생을 타향에서 고생하는 아들을 그리워하며 살아가는 어머니가 되고 말았습니다. 죽을 때까지 사랑하는 자식을 가슴을 묻어둔 채 고통 가운데 살아가는 자가 되고 말았습니다. 평생을 야곱을 그리워하면서, 다른 한편으로는 자신을 향한 에서의 증오심을 감내하며 살아야 했습니다.

아버지 이삭은 어떻습니까? 아버지 이삭도 평생을 장자인 에서에게 원망을 들으면서 살아가는 처지가 되었습니다. 에서에게 평생 죄인으로 살아야 했으며, 동시에 영적인 장자인 야곱을 그리워하며 살아야 하는 아버지가 되고 말았습니다.

뺏고 빼앗기는 장자권의 중심에 서 있었던 에서는 야곱에게 장자권을 빼앗긴 후 이십 년의 기나긴 세월 동안 야곱을 향한 복수의 칼날을 갈면서 살아가는 불행한 자가 되고 말았습니다. 분노의 사람으로 분노의 삶을 살면서 이 땅에서 이미 지옥을 경험한 자가 되었습니다.

이처럼 영적 분별력의 부재는 한 개인뿐 아니라 한 가정이 산산조각이 나는 큰 고통을 안겨주고 말았습니다. 이삭과 리브가가 영적으로 성숙하여 영적 분별력을 가졌더라면 보다 더 안정된 삶, 영적으로 성숙하고 성장하는 개인, 보다 더 행복한 가정이 되어 가정에 주신 사명과 사역을 기쁨으로 감당함으로써 행복한 삶을 영위했을 것입니다. 이에 따라 영적인 계보 또한 순적하게 이어졌을 것이며, 수많은 시간들을 허비하지 않았을 것입니다.

6. 이삭의 가정이 영적 분별력을 잃어버린 이유

그렇다면 어째서 이삭의 가정이 영적으로 분별력을 잃어버렸을까요? 여기에는 몇 가지 이유가 있습니다. 첫째, 하나님의 약속의 말씀을 마음의 심비에 새기지 않았습니다. 존귀하신 하나님의 말씀을 마음속 깊이 새겨야 함에도 불구하고 새기지 않았습니다. 하나님의 말씀을 친히 들었습니다. 그리고 그 말씀을 공유했습니다. 그런데 마음속에 깊이 새기지 못했기 때문에 세월이 흐르자 그것을 잃어버리고 말았습니다. 말씀을 깊이 새기고 반추하는 삶이 없으니 자기의 마음과 생각과 뜻대로 살아가는 자들이 되고 말았습니다. 자행자지(自行自止)하는 자들이 되고 말았던 것입니다.

둘째, 모든 것이 하나님의 뜻과 계획, 섭리 가운데 운행된다는 사실을 잊어버렸습니다. 모든 것은 다 하나님의 뜻과 섭리 가운데서 운행이 되는 것입니다. 그런데 그들은 사람의 마음의 생각과 의지를 가지고 하면 된다고 생각했습니다. 하나님의 뜻과 계획과 섭리보다는 인간의 의지를 더 높이 가졌던 것입니다. 그래서 그들은 항상 하나님보다는 앞서간 것입니다. 즉, 모든 것이 자기중심적이었습니다. 내가 좋아하는 것, 내가 사랑하는 것, 내가 갖고 싶은 것 등, 하나님보다 언제나 자기 자신이 먼저였습니다. 그래서 영적인 분별력을 상실하게 된 것입니다.

셋째, 하나님께 드리는 기도의 무릎이 없었습니다. 이삭이 에서에게 축복하려고 할 때에 하나님께 질문해야 했습니다. "하나님 어떻게 할까요?" 이삭이 에서에게 축복하려고 합니다. 이를 알게 된 리브가도 하나님께 물어야 했습니다. "이것은 하나님의 약속과 다르지 않습니까? 어떻게 해야 합니까?"하고 말입니다. 야곱도 하나님의 뜻을 물어야 합니다. "하나님 어머니의 말씀에 따라서 하면 형을 속이고 아버지를 속이고 하나님을 속이는 것인데 과연 그렇게 해야 합니까?" 에서도 마찬가지입니다. "하나님 저는 장자권도 빼앗겼습니다. 축복권도 빼앗겼습니다. 이제 나는 어떻게 해야 합니까? 어떻게 살아야 합니까?" "하나님 저에게도 은혜를 주셔서 하나님 나라를 위해 살게 해 주세요"라고 말입니다.

그러나 그들은 아무도 하나님께 묻지 않았습니다. 기도의 무릎이 영적인 분별력의 열쇠가 됨에도 불구하고 그들은 기도하지 않았습니다. 그 결과 그들은 힘들고 고통스러운 삶을 살아갈 수밖에 없는 마이너스 인생이 되고 말았던 것입니다.

적용

사랑하는 성도 여러분! 이처럼 승리하는 삶을 살아가기 위해서는 영적 분별력을 가지는 것이 얼마나 중요한지 모릅니다. 영적 분별력은 아무리 강조해도 지나치지 않을 것입니다. 영적 분별력을 잃게 되면 개인도, 가정도, 교회도 아주 힘들어지고 고통 속에 빠져 살아가게 됩니다. 우리 주변에도 이런 사람들이 많이 있습니다.

한 예로 인터넷 기사에 실린 내용을 소개해 볼까 합니다. 어느 교회에 기도 많이 하는 어떤 직분자가 하나님의 음성을 들었다고 합니다. 이에 교회에서 간증을 시켰습니다. 그 간증을 통해 교회 성도들은 큰 은혜를 받았습니다. 그리고 예언기도를 해준다고 해서 많은 교인들이 그 직분자로부터 예언기도를 받았습니다. 그러나 얼마 지나지 않아 그 모든 것은 교인들의 돈을 갈취하기 위한 사기극임이 만천하에 드러났습니다. 직분자가 들었다는 하나님 음성이나 예언기도는 결국 돈을 벌기 위한 미끼였던 것입니다. 수많은 교인들과 심지어는 목사님까지도 이 미끼에 넘어가고 말았습니다. 이 사실이 밝혀지자 그 직분자는 결국 도망을 가고 말았습니다. 영적 분별력을 가지지 못했기에 조그마한 속임수에도 넘어지고 말았던 것입니다. 언제나 영적 분별력을 소유할 수 있도록 정신을 똑바로 차려야 합니다.

오늘날 우리는 참으로 영적으로 혼란한 시기를 살아가고 있습니다. 수많은 이단들이 교묘하게 미혹하며 믿는 우리들에게 다가옵니다. 성경을 가지고 접근합니다. 관계망을 가지고 접근합니다. 이것에 수많은 믿는 사람들이 빠져서 그 개인은 물론 가정이 파괴되고 결국 패가망신하는 경우를 종종 봅니다. 세속의 물결들이 파도처럼 다가와 영적인 혼란과 침체에 빠뜨립니다. 이러한 때에 말씀과 기도로 깨어 있어 영적인 분별을 잘 함으로써 끊임없이 영적인 발돋움을 하는 신실한 하나님의 사람들이 되시기를 바랍니다.

그렇게 하기 위해서는 세 가지를 잘 해야 합니다. 첫째, 하나님의 말씀을 깊이 묵상하여 하나님의 음성을 들어야 합니다. 하나님의 뜻을 발견하고 그 뜻에 따라 살아가야 합니다. 힘들고 어려울수록, 복잡하고 혼란할수록 하나님의 말씀 앞에 깊이 빠져야 합니다. 이사야, 예레미야, 에스겔 등 하나님이 사용하신 선지자들은 혼돈 속에서도 하나님의 계시의 말씀을 들을 줄 알았던 사람들이며, 하나님께 들은 바대로 말씀으로 무장하는 영적 분별력을 소유했던 사람들입니다.

사도행전 17장 11절에서는 이렇게 말씀하고 있습니다. "베뢰아 사람은 데살로니가에 있는 사람보다 더 신사적이어서 간절한 마음으로 말씀을 받고 이것이 그러한가 하여 날마다 성경을 상고하므로." 또한 요한계시록 1장 3절에서는 "이 예언의 말씀을 읽는 자와 듣는 자들과 그 가운데 기록한 것을 지키는 자들이 복이 있나니 때가 가까움이라"고 말씀하고 있습니다.

둘째, 기도의 무릎이 있어야 합니다. 아브라함은 가는 곳마다 먼저 제단을 쌓고 여호와의 이름을 불렀습니다. 예수님은 한적한 곳에 나가셔서 늘 기도하셨습니다. 바울도 늘 기도하면서 하나님의 뜻을 묻곤 했습니다. 사도 요한도 늘 기도하는 사람이었습니다. 기도는 영적 분별의 열쇠가 됩니다. 날마다 기도하는 자는 영적으로 늘 깨어있음으로 인해 미혹의 영에 넘어지지 않고 늘 승리하는 삶을 살아갈 수가 있습니다.

셋째, 객관성을 가져야 합니다. 주관적인 사고나 생각에 빠지게 되면 분별력을 가질 수 없습니다. 나보다는 하나님을 먼저 생각하고 다른 사람을 먼저 생각해 보아야 합니다. 더욱이 성도인 우리는 나보다는 하나님이 은혜로 주신 성령이 역사하는 공동체를 먼저 생각해 보는 지혜를 가져야 합니다. 사랑하는 성도 여러분! 이런 영적인 분별력으로 영적 발돋움을 합시다. 그리하여 하나님이 약속하신 복을 풍성히 누리며 삽시다.

영적 발돋움

5

영적 체험

창세기 28:10-22

영적 발돋움 5
영적 체험
창세기 28:10-22

들어가는 말

올해로 온사랑 교회가 창립한지 이십 주년을 맞이하게 되었습니다. 그동안 하나님께서 우리 교회에 많은 은혜와 사랑과 축복을 부어 주셨습니다. 하나님께 감사와 찬양과 영광을 올려드립니다. 이와 더불어서 성도 여러분들의 교회를 향한 아낌없는 수고와 헌신에 감사를 드리고, 진심으로 그 노고에 치하를 드립니다. 하나님께서 크신 축복으로 언제나 함께해 주시기를 바랍니다. 이제 우리 교회는 이십 주년을 맞이하는 올해를 기점으로 해서 더욱 성숙하고 성장하여 하나님의 기쁨이 되고 이 땅의 축복의 통로인 건강한 교회가 되어, 주신 사명 잘 감당하는 복된 교회가 되어야 할 것입니다. 하나님이 지속적으로 은혜를 주셔서 반드시 그렇게 될 줄로 믿습니다. 이러한 마음의 소원을 품고 영적 발돋움이라는 주제를 가지고 계속해서 말씀의 은혜를 나누고자 합니다.

지금까지 우리는 온 교회와 성도들이 함께 영적 발돋움을 잘 하기 위해서 다음과 같이 신앙생활을 해야 함을 앞서 말씀으로 나누었습니다. 다시 한 번 반복해서 확인하고자 합니다. 먼저 "하나님은 나의 왕이시고 나의 주"라는 올바른 신앙고백을 해야 합니다. 그리고 하나님께서 주신 장자의 명분을 가볍게 여기지 말아야 합니다. 우리는 에서와 같은 우를 범해서는 안 됩니다. 그 다음 무엇보다 영적인 거룩한 갈망을 가져야 합니다. 예수님은 목마른 자에게는 언제든지 생수를 주시는 분이기 때문입니다. 이어서 우리는 또한 영적 분별력을 가져야 합니다. 영적으로 잘 분별할 수 있는 영안을 가지고 있을 때에라야 바른 것을 선택하고 후회하지 않는 인생을 살아갈 수가 있기 때문입니다.

이에 더해서 오늘은 영적 발돋움을 하기 위해서는 영적인 깊은 체험을 해야 함을 말씀으로 나누고자 합니다. 아무리 지식과 실력과 능력이 출중하다 하더라도 영적 체험이 없으면 영적성장을 위한 발돋움을 할 수 없습니다. 우리는 이 사실을 야곱의 경우를 통해서 잘 알 수 있습니다. 야곱은 자기의 지식과 능력을 가지고 장자의 명분을 얻을 수 있었습니다. 인간적으로 보면 놀라운 수완과 능력입니다. 그는 형과 아버지를 속일 뿐 아니라 심지어 하나님을 속이면서까지 장자에게만 허락되는 축복을 받았습니다.

"하나님은 하늘의 이슬과 땅의 기름짐이며 풍성한 곡식과 포도주로 네게 주시기를 원하노라 만민이 너를 섬기고 열국이 네게 굴복하리니 네가 형제들의 주가 되고 네 어미의 아들들이 네게 굴복하며 네게 저주하는 자는 저주를 받고 네게 축복하는 자는 복을 받기를 원하노라"(창 27:28-29).

그는 이처럼 더할 나위 없는 엄청난 축복의 말씀을 받았습니다. 이보다 더 풍성하고 풍부한 축복의 말씀이 어디에 있겠습니까? 야곱만이 할 수 있고 받을 수 있습니다. 그러므로 이 축복의 말씀이 선포되고 난 이후에는 야곱의 인생은 그야말로 복이 넘치기 시작해야 합니다. 아버지의 집에서 말입니다. 이곳은 부모님이 계시고 사랑하는 가족들이 있기 때문입니다. 그리고 무엇보다 이곳은 할아버지 아브라함이 언약으로 받은 약속의 땅이기 때문입니다.

1. 야곱이 체험한 하나님

그런데 현실은 어떻습니까? 장자권을 빼앗겨 분노한 형 에서로 인해 아버지의 집에 더 이상 머무를 수가 없었습니다. 결국 어쩔 수 없이 목숨을 구원하고자 도망자 신세로 전락한 야곱은 외삼촌 라반이 살고 있는 밧단아람으로 피신을 갈 수밖에 없었습니다. 승승장구하던 야곱이 졸지에 도망자의 처지가 되었고, 살기 위해서 피신을 가야 하는 처량한 신세가 되었습니다. 단지 기름병 하나만을 들고 혈혈단신으로 약 800백 킬로미터나 되는 먼 길을 나서는 야곱의 모습은 그저 인생에서 실패한 패자의 모습이었습니다. 아마도 그는 고향을 도망치듯 떠나면서 마음속으로 이렇게 되뇌었을 것입니다. '내가 왜 이렇게 되었나, 나는 앞으로 어떻게 될 것인가? 장자는 무엇이고 아버지의 축복의 말씀은 도대체 무엇이란 말인가?' 이런저런 생각으로 만감이 교차했을 것입니다. 그저 자신의 앞날이 어찌될지 막막하고 답답하기만 했을 것입니다. 더욱이 '거짓말을 해서 얻은 축복이 과연 효력이 있을까 하나님이 자신을 버리지 않았을까'하고 깊이 고민했을 것입니다.

이제 홀로 광야의 길을 나서 먼 길을 한참동안 가고 있으니, 힘들고 외롭고 고독하기 그지없습니다. 사랑하는 어머니가 너무나 보고 싶고 그립습니다. 고향에서 가족과 편안하고 즐거운 한때를 보내던 시절들이 눈에 선합니다. 다시는 그런 시간들을 가질 수 없을 것 같아 눈물이 앞을 가로막습니다. 이렇게 하루 종일 길을 걷다보니 해가 어렴풋이 저물어갑니다. 이에 더 이상 길을 갈 수가 없어 하는 수 없이 내일을 위해 땅을 침대로, 돌을 베게로, 하늘을 이불 삼아 누워 잠을 청합니다. 하지만 이런 생각 저런 생각으로 좀처럼 잠을 이룰 수 없습니다. 이때 고요한 정적 사이로 짐승 우는 소리, 풀벌레 소리만이 유난히 크게 들립니다. 하늘을 보니 별들이 눈에 쏟아질 듯이 유난히 반짝입니다. 그 별을 세다가 잠이 들었습니다. 이것이 야곱의 실력과 능력으로, 즉 거짓과 속임수로 장자의 명분을 얻은 결과였습니다. 인간적인 방법으로 하나님의 은혜를 얻고자 하는 인생의 모습이 어떠한지 야곱의 삶을 통해 생생하게 보여줍니다.

그러나 바로 그때에 은혜의 하나님께서 개입하십니다. 야곱이 꿈에 보니 사닥다리가 땅 위에 서 있는데 그 꼭대기가 하늘에 닿았습니다. 그런데 그 사닥다리에 하나님의 사자가 오르락내리락 합니다. 그 모습을 바라보고 있는 야곱에게 그 위에 서신 하나님께서 우렁차게 이렇게 말씀하십니다.

"또 본즉 여호와께서 그 위에 서서 이르시되 나는 여호와니 너의 조부 아브라함의 하나님이요 이삭의 하나님이라 네가 누워 있는 땅을 내가 너와 네 자손에게 주리니 네 자손이 땅의 티끌 같이 되어 네가 서쪽과 동쪽과 북쪽과 남쪽으로 퍼져나갈지며 땅의 모든 족속이 너와 네 자손으로 말미암아 복을 받으리라 내가 너와 함께 있어 네가 어디로 가든지 너를 지키며 너를 이끌어 이 땅으로 돌아오게 할지라 내가 네게 허락한 것을 다 이루기까지 너를 떠나지 아니하리라 하신지라"(창 28:13-15).

참으로 놀라운 은혜의 말씀입니다. 야곱은 하나님께 버림받은 자라고 생각하고 절망하고 있는데 하나님은 야곱에게 찾아와서 위로의 말씀을 주십니다. 야곱에게 보여주신 사닥다리, 하나님의 사자, 하나님의 음성, 축복의 말씀 등은 야곱에게 가장 필요한 말씀이자 위로의 말씀, 능력의 말씀, 생명의 말씀이었습니다. 다시 말하면, 고통과 괴로움 가운데서 어찌할 바를 모르는 야곱에게 하나님은 친히 개입하셔서 "야곱아 걱정과 염려와 두려움에 떨지 말거라! 너의 인생은 내가 책임질 거야. 내가 항상 너와 함께 있음으로 너를 하나님의 걸작으로 만들어 갈 것이다"라며 새 힘을 불어넣어 주는 말씀을 주셨습니다. "지금까지는 너의 힘과 능력으로 살면서 모든 것을 이루려고 발버둥 쳐 왔지만 이제부터는 내가 한다. 나만 믿고 나만 따라 오거라. 내가 다 이룰 것이다." 하나님의 은혜는 참으로 크고 신비하여 인간의 지혜로 결코 다 헤아릴 수 없습니다.

이처럼 야곱은 자신의 꿈을 통해 하나님을 놀랍고도 신비스럽게 체험합니다. 이것이 진정한 은혜이고 축복입니다. 야곱은 꿈속에서 하나님을 체험하고 난 이후 마음의 진정성을 담아 이렇게 고백합니다. "여호와께서 과연 여기 계시거늘 내가 알지 못하였도다. 이에 두려워하여 이르되 두렵도다 이 곳이여 이것은 다름 아닌 하나님의 집이요, 하늘의 문이로다." 그리고 하나님을 체험한 그곳에 돌을 가져다가 기름을 붓고는 벧엘, 곧 하나님의 집이라고 부릅니다.

이어서 야곱은 자신을 만나주신 하나님께 다음과 같은 서원을 합니다. "야곱이 서원하여 이르되 하나님이 나와 함께 계셔서 내가 가는 이 길에서 나를 지키시고 먹을 떡과 입을 옷을 주시어 내가 평안히 아버지 집으로 돌아가게 하시오면 여호와께서 나의 하나님이 되실 것이요 내가 기둥으로 세운 이 돌이 하나님의 집이 될 것이요 하나님께서 내게 주신 모든 것에서 십분의 일을 내가 반드시 하나님께 드리겠나이다 하였더라."(창 28:20-22)

2. 영적 체험을 통한 깨달음

여기서 우리는 야곱의 영적 체험을 통해 다음과 같은 깨달음을 얻을 수 있습니다. 야곱은 하나님을 만나는 영적 체험을 한 이후 하나님을 향한 그의 인식이 완전히 바뀌었습니다. 여호와는 나의 진정한 하나님이시고 나를 지키시고 돌보시는 분이라는 것을 확실히 깨닫게 됩니다. 그동안은 야곱이 하나님 자리에 앉아 있었습니다. 욕심과 야망으로 가득 차 자신의 지식, 지혜, 능력 등, 자신이 가진 모든 수단과 방법을 동원해 성공의 삶을 살기 위해 노력했으나, 그 모든 것이 하나님 앞에서 허망한 것임을 깨닫게 되었습니다. 그동안 하나님을 믿는다고 했으나 실제로는 하나님의 자리에 자신을 올려놓고 인생에서 하나님을 소외시켰던 자기 자신을 발견하게 됩니다.

인생은 누구나 하나님을 만나지 못하면 자신이 왕이 되어 마음대로 살게 됩니다. 따라서 우리는 하나님을 만나는 영적인 체험을 깊이 해야 합니다. 하나님을 만나지 않고는 인간은 결코 변화될 수 없습니다. 고난의 순간에서 하나님을 만나는 영적 체험을 한 이후에 야곱은 완전히 다른 사람으로 변화됩니다. 이제는 여호와만이 자신의 하나님이 됩니다. 그래서 야곱은 이제부터 내 중심으로 살지 않고 하나님 중심으로 살겠다고 결심하게 됩니다. 이로써 야곱의 인생이 바뀌는 것을 보게 됩니다. 나 중심에서 하나님 중심으로 마음도, 생각도, 삶도 완전히 바뀌는 것을 볼 수 있습니다. 드디어 야곱은 영적인 발돋움을 하기 시작합니다.

사랑하는 성도 여러분! 영적인 체험을 통해서 영적 발돋움을 한 야곱을 보면서 어떤 생각이 드십니까? 오늘 우리에게도 이처럼 영적인 체험이 있어야 하지 않겠습니까? 하나님의 은혜를 갈구하십시오. 하나님 얼굴 보기를 앙망하십시오. 하나님을 만나는 체험이 얼마나 중요한지 모릅니다. 영적 체험은 온전한 믿음 생활을 위해서는 반드시 필요한 것입니다. 이 영적 체험이야말로 나를 변화시키고 영적인 발돋움을 할 수 있게 해주는 강력한 동인이 되기 때문입니다.

예수님의 제자들을 보십시오. 그들은 삼 년 동안 최고의 스승이신 예수님과 동고동락하며 예수님과 항상 함께했습니다. 예수님과 함께하면서 그들은 예수님이 행하시는 수많은 기사와 이적을 직접 눈으로 보았습니다. 가장 가까이에서 예수님의 모든 것을 경험한 자들입니다. 그렇게 했던 그들이 정작 예수님께서 십자가를 지실 때에는 부인하고 모두 도망가고 말았습니다. 예수님께서 가장 힘들고 어려울 때, 가장 외롭고 고통스러운 그 순간에 가장 가까이에서 함께 있어 주면서 예수님에게 위로가 되고 힘이 되어 주어야 함에도 불구하고, 그들은 자기 살겠다고 뿔뿔이 흩어져 도망을 가고 말았습니다. 이로써 결국 그들은 의리도, 신의도 없는 자가 되고 말았으며, 비겁한 자들이 되고 말았습니다. 이것이 복음서가 보여주는 제자들의 모습입니다.

그러나 사도행전에서 제자들의 모습은 이와는 정반대의 모습을 보여 주고 있습니다. 그들은 수많은 고난과 고통 가운데서도 예수님의 생명의 복음을 전파하기 위해 쉬지 않고 헌신하는 모습을 보입니다. 결국 그들은 복음을 전하다 기꺼이 순교의 제물이 됩니다.

무엇이 이들을 이토록 다르게 변화시켰습니까? 부활하신 주님을 만나는 체험과 성령의 체험이 그들을 이전과는 완전히 다른 사람으로 변화시킨 것입니다. 위기의 상황에서 도망가기에 급급했던 그들은 영적 체험을 경험한 이후에야 비로소 진정한 제자와 사도가 되었습니다.

적용

그렇다면 야곱과 예수님의 제자들은 어떻게 이런 영적 체험을 하게 되었습니까? 그것은 첫째, 하나님의 은혜였습니다. '은혜란 받을 수 없는 자에게 거저 베풀어 주시는 하나님의 호의'입니다. 야곱은 영적인 체험을 할 수 없는 자입니다. 자신의 욕심을 채우기 위해 거짓말하고 속이는 야비한 자였습니다. 또한 제자들을 보십시오. 3년 동안이나 따랐던 예수님을 결정적인 순간에 배신하고 떠나버렸던 자들입니다. 그러나 그들에게 하나님은 찾아 오셔서 측량할 수 없는 은총을 베풀어 주십니다. 하나님의 크신 은혜였습니다.

　우리가 지금까지 구원받은 하나님의 백성으로 살아온 것도 하나님의 큰 은혜였습니다. 은혜 아니면 우리는 존재 자체가 불가능합니다. 내 힘으로 내 능력으로 살아온 것 같아도 다 하나님의 은혜 아래서 살아온 것입니다. 그러므로 우리가 영적인 것을 체험하는 일도 하나님의 은혜가 임하면 되는 줄로 믿습니다. 오직 하나님의 은총으로 말미암아 영적 체험을 할 수 있는 것입니다. 사도 바울이 다메섹에서 하나님의 은혜가 임할 때에 자신의 의도와 전혀 상관없이 부활의 주님을 경험했습니다. 하나님의 은혜로 말미암아 부활의 주님을 만나는 체험을 한 것입니다.

　바라기는 오늘 이 예배 시간에 하나님의 은혜가 넘쳐나기를 원합니다. 우리가 말씀을 볼 때나 기도할 때, 또는 찬양 중에 하나님의 은혜가 임함으로 하나님을 뜨겁게 만나는 영적인 체험들이 쏟아지길 축원합니다.

　우리 온사랑 교회는 지난 이십 년 동안 하나님의 은혜 가운데 이만큼 성장하고 성숙한 교회로 우뚝 서 왔습니다. 앞으로도 계속적으로 하나님의 은혜가 강물처럼 넘쳐나기를 소망합니다. 야곱과 예수님의 제자들에게 임하신 하나님의 무한하신 은혜가 우리 모두에게 임하기를 바랍니다.

　둘째, 그들은 하나님을 사모했습니다. 야곱은 어려움 가운데서 홀로 외로이 길을 가면서 어떤 생각을 했을까요? 이러한 마음이 들었을 것입니다. "그토록 가지기를 열망했던 장자권을 얻었고, 아버지 이삭으로 하여금 축복의 말씀을 들었어도, 그리고 어머니의 전적인 지지와 사랑을 받았어도 나는 지금 혼자구나! 그들은 지금 나에게 아무런 힘이 되어 주지 못하고, 위로가 되어 주지 못하는구나! 내 곁에서 나와 함께할 자는 과연 아무도 없구나! 그야말로 빈손 들고 가는 인생이 되었구나! 그렇다면 과연 지금 이 순간에 누가 나에게 진정한 도움이 되고, 힘이 되며, 위로가 되고, 복이 되겠는가?" "하나님 외에는 내가 의지할 자가 이 세상에 아무도 없구나"라고 생각했을 것입니다.

그때 야곱은 불현듯 아버지 이삭으로부터 들은 조부 아브라함의 인생 속에 역사하셔서 축복하신 하나님이 머릿속에 떠올랐을 것입니다. 그리고 조부 아브라함과 아버지 이삭에게 함께 하시고 복을 주셨던 그 하나님께서 나에게도 함께해 주셔서 이 곤고하고 힘든 상황을 해결함 받기를 원했을 것입니다. 모리아 산에서 있었던 여호와 이레의 하나님의 역사, 땅을 파면 샘물이 나오고 곡식을 심으면 백배의 열매를 맺게 하신 하나님의 축복의 역사가 자신에게도 일어나기를 소원했을 것입니다.

꿈은 일상에서 사모하는 마음을 가질 때 꾸는 것입니다. 심리적인 마음의 상태가 많이 반영됩니다. 야곱은 힘든 여정 가운데서 자신의 조상에게 함께하시고 축복하신 하나님을 생각하고 힘겨운 현재 상황에서도 하나님이 자신에게 임하시고 현재 상황을 변화시켜주실 것을 간절히 소원하며, 그 하나님을 열렬히 사모했기에 야곱은 자신의 꿈에 나타나신 하나님을 체험할 수 있었습니다. 옛날, 하나님을 사모하는 야곱에게 나타나신 하나님께서 오늘도 사모하는 자들에게 나타나셔서 만나주시고 복을 주실 것입니다.

사랑하는 성도 여러분! 하나님을 사모하시기를 바랍니다. 비록 삶의 여정 길에서 힘들고 어렵고 사방이 막혀 있는 것 같은 절망스러운 상황을 만날지라도 하나님을 사모하면 하나님께 반드시 그 가운데서 우리를 건져주시고 그 상황을 타개해 나갈 새로운 길을 열어주실 것입니다. 하나님은 사모하는 영혼을 만나주시고, 그 영혼을 만족하게 하시는 분이시기 때문입니다.

셋째, 하나님을 위하여 쓰임 받고자 간절히 기도할 때에 영적인 체험을 할 수 있습니다. 부활하신 주님이 제자들에게 나타나 승천하기 직전에 마지막으로 하나님 나라의 일을 말씀해 주셨습니다. 이때 주님은 제자들이 성령을 받지 않고는 주의 일을 감당할 수 없다고 말씀하십니다. 따라서 "예루살렘을 떠나지 말고 내게서 들은 바 아버지께서 약속하신 것을 기다리라"(행 1:4)고 말씀하셨습니다. 제자들은 주님의 이 약속을 믿고 간절히 기도하기 시작하였습니다. 하늘로부터 오는 능력을 덧입기까지 오로지 기도에 전념할 때 그들은 위로부터 임한 성령을 충만히 받고 담대히 복음을 전하는 부활의 산 증인이 되었습니다.

사랑하는 성도 여러분! 우리도 마찬가지입니다. 우리가 하나님을 위하여 살고자 간절히 기도할 때, 하나님께서 주신 비전을 이루고자 할 때, 하나님께 크게 영광 돌리고자 할 때, 그리고 하나님의 나라를 위하여 쓰임 받고자 할 때 비로소 우리는 하나님을 만나게 되는 영적 체험을 하고 성령의 충만을 입는 복을 받게 될 것입니다. 그러므로 늘 하나님께 쓰임 받고자 열망하며 기도함으로 날마다 영적 체험을 경험하며 사시기를 바랍니다. 그리고 하나님을 더 깊이 경험함으로써 하나님 나라를 위해 힘차게 전진하는 자가 되시길 바랍니다.

영적 발돋움

6

영적 연단

창세기 29:21-30

영적 발돋움 6
영적 연단

창세기 29:21-30

들어가는 말

아이가 이 땅에서 태어났는데 자라지 않고 기형적인 모양으로 계속 머문다면 부모는 심각히 고민할 것입니다. 이와 마찬가지로 우리가 예수를 믿은 지 수년, 아니 십 수 년이 지났음에도 신앙이 성장하지 않고 그 자리에 어린 아이와 같은 위치에 머문다면 깊이 생각해야 할 문제입니다. 하나님의 사람들은 끊임없이 하나님께서 원하시는 영적 발돋움을 하고 성숙한 위치에 서도록 노력해야 합니다. 곧 우리가 이 땅을 살아가는 동안 주님 오시는 그날까지 지속적으로 영적 발돋움을 해야 합니다. 따라서 하나님의 은총의 날개 아래에서 어떻게 하면 영적 발돋움을 할 수 있는가를 계속해서 살펴보고자 합니다. 지난주에는 영적 발돋움을 하기 위해서는 영적 체험을 해야 함을 말씀드렸습니다. 나의 지식이나 경험에 의지하기보다는 영적인 체험을 실제적으로 경험할 때 영적으로 발돋움을 할 수 있음을 강조했습니다.

지난 한 주간도 살아오면서 하나님의 역사를 많이 경험하신 줄로 믿습니다. 우리가 영적인 안목을 가지고 보면 세상 모든 것에 하나님의 역사의 숨결이나 흔적이 있다는 것을 발견할 수 있을 것입니다. 그래서 지나고 보면 모든 것이 하나님의 은혜였으며, 하나님의 섭리였음을 우리는 고백하지 않을 수 없습니다.

야곱의 꿈속에 찾아오셔서 야곱을 만나주신 하나님은 우리의 삶의 현장에도 우리를 만나시기 위해 찾아오십니다. 친히 찾아오셔서 야곱에게 말씀으로 임하신 하나님께서는 오늘도 삶의 여정 길에서 드리는 우리의 예배와 기도를 통해 말씀하시고 역사해 주십니다.

오늘은 영적 발돋움을 하기 위해서는 영적 연단의 과정을 잘 통과해야 한다는 내용을 가지고 은혜를 나누고자 합니다. 연단은 누구에게나 오는 것입니다. 믿음생활을 잘 하는 사람이든, 그렇지 않은 사람이든 간에 하나님을 믿는 자들이라면 누구에게나 연단의 과정을 맞을 수밖에 없습니다. 하나님을 믿는다고 하면서 연단이 없는 사람은 없습니다. 우리가 천국에 가는 그 순간까지 연단은 계속될 것입니다. 그러므로 결코 피할 수 없는 연단이라면, 나에게 어떤 연단이 온다 하더라도 잘 감당하고 극복하는 것이 중요합니다. 영적인 성장은 연단의 과정을 거칠 때 주어지는 것입니다.

1. 하나님의 인도하심

　하나님의 사람 야곱도 감당하기 어려운 연단의 길을 걸었던 것을 보게 됩니다. 야곱은 벧엘에서 하나님을 만나는 체험을 하고 난 이후에 800백 킬로미터나 되는 머나먼 길을 약 한 달여 동안을 걸어서 외삼촌 라반의 집에 도착합니다. 그가 걸어서 왔던 길은 거리도 거리이지만, 특별히 도둑과 강도의 위협이 도사리는 험준한 산악 길입니다. 그리고 한 번도 가보지 않은 낯선 길이었습니다. 그런데 야곱이 이러한 길을 걸어서 어떻게 안전하게 외삼촌 라반의 집에 도착할 수 있었을까요? 야곱이 열심히 걸었기 때문일까요, 아니면 유난히 길눈이 밝아서 일까요, 그것도 아니라면 야곱이 특별히 운이 좋아서 일까요? 아닙니다. 야곱이 험하고 먼 길을 걸어서 안전하게 라반의 집에 도착할 수 있었던 것은 그 여정 가운데 함께하시는 하나님의 도우심이 있었기 때문입니다. 하나님께서 함께하시는 역사의 흔적들이 있었습니다.

　보십시오. 야곱이 벧엘에서 길을 떠납니다. 길을 떠난다고 하는 말은 활기차게 발돋움을 했다는 것을 의미합니다. 하나님을 체험하고 난 이후의 야곱은 자신감이 생겼습니다. 하나님께서 자신과 항상 함께 해 주시고 인도해 주실 것이며, 어젯밤 꿈에서 약속하신 모든 말씀을 다 이루어 주실 것이라는 확실한 믿음이 있었기에 즐겁고 가벼운 마음으로 길을 떠날 수 있었습니다.

　이윽고 야곱은 하란에 도착을 하게 됩니다. 그런데 그곳에는 우물이 하나 있는데, 그 우물곁에 목자들이 있는 것을 발견합니다. 야곱은 그들에게 다가가 "나홀의 손자 라반을 아느냐?"고 묻습니다. 그들은 "안다"고 답합니다. 그런데 바로 그때 야곱은 라반의 둘째 딸 라헬이 양을 몰고 오는 모습을 보고는 첫눈에 라헬에 대한 뜨거운 연정을 느끼게 됩니다. 야곱은 감동의 눈물을 흘립니다. 긴 여정 끝에 야곱이 외삼촌 라반의 집에 도착했을 때 라반은 반갑게 그를 맞아 주었습니다.

이 모든 과정 가운데 일어난 일들은 우연히 일어난 일이 아닙니다. 하나님께서 그와 함께하셔서 가는 길을 인도해 주시는 가운데 하나님의 역사하심으로 일어난 일들입니다. 무엇보다 하나님은 자신의 일을 이루시기 위해 야곱으로 하여금 만나야 할 자를 만나게 하셨고, 그로 인해 마음에 감동을 주셨으며, 외삼촌 라반의 마음에도 동일한 감동이 일게 해주셨습니다. 벧엘에서 만나주신 동일한 하나님께서 야곱을 계속해서 섭리 가운데 인도해 주신 것입니다.

사랑하는 성도 여러분! 이러한 하나님의 인도하심이 특별히 야곱의 인생 여정 길에서만 국한되어 일어나는 일일까요? 그렇지 않습니다. 오늘도 살아계신 하나님은 우리에게도 동일하게 역사해 주십니다. 하나님은 어제나 오늘이나 영원토록 동일하신 하나님이시기 때문입니다. 그러므로 이전에 야곱에게 함께하시고 인도해 주신 그 하나님이 오늘 이 자리에 계신 여러분의 삶 가운데도 함께하시어 인도해 주실 줄로 믿습니다.

지난 세월동안 우리의 삶에도 험산준령이 참으로 많았습니다. 위험한 광야 길도 있었습니다. 그러나 그때마다 우리 하나님께서 함께 해 주시고 인도해 주셨습니다. 그리고 하나님께서 만날 자를 만나게 해주셨습니다. 하나님의 역사의 흔적인 줄로 믿습니다. 따라서 늘 우리는 지금까지 인도해 주신 하나님께 감사하고, 찬송하고 경배하며, 주와 같이 길을 걷는 것이 참으로 즐거운 길임을 고백하고 노래해야 합니다.

2. 하나님의 연단

하란 땅 외삼촌 라반의 집에 정착한 야곱은 이제 그곳에서 나그네 인생을 살아가게 됩니다. 라반이 야곱에게 묻습니다. "네가 나의 집에서 일을 할 텐데 품삯을 어떻게 하면 좋겠는가?" 이때 야곱이 지체 없이 말합니다. "첫눈에 반한 라헬을 나의 아내로 주십시오. 그러면 내가 외삼촌의 작은 딸 라헬을 위하여 외삼촌에게 칠 년을 섬기겠습니다."(창 29:18) 이에 대해 라반이 쾌히 승낙을 합니다. 야곱은 오직 자신이 사랑하는 여인인 라헬을 얻겠다는 일념 하나로 칠 년을 수일 같이 기쁨과 즐거움으로 최선을 다하여 자신의 일처럼 열심히 했습니다.

그러자 마침내 때가 되었습니다. 그렇게 사모하고 사랑하는 여인인 라헬과 드디어 약속된 결혼식을 올렸습니다. 결혼식 후 꿈같은 첫날밤도 보냈습니다. 그런데 이게 웬일입니까? 잠을 자고 아침에 일어나 아내의 얼굴을 보니, 자신이 사랑한 라헬이 아닌 그녀의 언니 레아가 아닙니까? 야곱의 입장에서는 하늘이 무너지는 것과 같은 충격적인 상황에 처한 것입니다. 야곱은 화가 나 당장에 외삼촌 라반에게 달려가 항의합니다. "이게 어떻게 된 일입니까? 어떻게 외삼촌이 나를 속일 수 있습니까?" 잔뜩 화가 나서 항의하는 야곱에게 라반이 이렇게 말합니다. "언니보다 아우를 먼저 결혼시키는 것은 우리 지방의 법도에서는 있을 수 없는 일이다. 그러니 이를 위하여 칠 일을 채우라 우리가 그도 네게 주리니 네가 또 나를 칠 년 동안 섬길지니라."(창 29:26)

야곱은 자신을 속인 외삼촌에게 인간적으로 큰 배신감을 느꼈을 것입니다. 그리고 야곱 자신에게는 크나큰 충격이요 상처가 되었을 것입니다. 또한 이와 더불어서 외삼촌에게 감쪽같이 속은 자신이 바보처럼 느껴졌을 것입니다. '어떻게 외삼촌이 나에게 이럴 수가 있단 말인가? 그런데 나는 왜 그것을 조금도 눈치 채지 못했던가?' 하고 말입니다.

이와 동시에 야곱은 벧엘에서 자신을 만나주셨던 하나님에 대해 의문이 생겼을 수도 있습니다. '벧엘에서 친히 나를 찾아오신 하나님은 무엇을 하셨단 말인가? 라반이 나를 속일 때 라반이 그렇게 하지 못하도록 막아주셨더라면 얼마나 좋았겠는가? 그리고 내가 레아를 라헬로 알고 품을 그때에라도 하나님께서 나에게 알려주셨더라면 얼마나 좋았을까?' 그런데 왜 하나님은 라반이 속이고자 하는 그 순간부터 내가 첫날밤을 보내는 그 시기까지 왜 아무 말씀도 하지 않으시고 침묵하셨을까?' 하고 말입니다.

　그러나 여기에는 하나님의 숨은 의도가 있습니다. 하나님은 라반의 속임수를 통해서 야곱이 자신이 얼마나 속임수의 달인인지 알기를 원하셨던 것입니다. 야곱이 아버지와 형을 속이고, 심지어 하나님까지 속인 것이 얼마나 크나큰 죄악이며, 상대에게 큰 상처와 아픔이 되는지를 깨닫게 해주시려 했던 것입니다. 우리는 야곱의 삶을 통해 하나님의 약속을 받고 그 약속을 이루고자 하는 자가 얼마나 진실하고 정직해야 하는지를 깨닫게 됩니다. 하나님은 라헬의 사건을 통해서 야곱이 지난날 고향에서 행했던 모든 행위들을 돌아보고 자신이 하나님은 물론이거니와 혈육에게 얼마나 큰 잘못을 저질렀는지를 깨닫고 회개하기를 원하셨습니다. 그래서 하나님은 야곱이 속임을 당하는 그 순간에도 침묵하시고 계셨습니다.

　우리가 세상을 살아가다 보면 크고 작은 연단을 받을 때가 있습니다. 그러나 아무리 믿음이 좋은 자라 할지라도 연단을 좋아할 사람은 아마 단 한 사람도 없을 것입니다. 그만큼 연단은 받는 사람에게는 아프고 힘든 고통이기 때문입니다. 그런데 하나님은 어째서 우리들에게 이토록 고통스러운 연단을 허락하시는 걸까요? 연단의 과정 속에는 하나님의 깊은 숨은 뜻과 의도가 있다는 것을 알아야 합니다. 개인적으로 연단을 받을 때도 그 개인을 향한 하나님의 숨은 의도가 있습니다. 마찬가지로 가정적으로 받는 연단에도 그 가정을 향한 하나님의 깊은 숨은 의도가 있으며, 교회적으로 받는 연단에도 그 교회를 향한 하나님의 깊은 숨은 의도가 있다는 것입니다. 무엇보다도 우리가 연단을 받을 때, 연단을 통한 하나님의 의도가 무엇인지, 하나님의 뜻이 어디에 있는지 대해 알아내고 발견하는 것이 중요합니다.

로마서 5장 3-4절은 이렇게 말씀하고 있습니다. "다만 이뿐 아니라 우리가 환난 중에도 즐거워하나니 이는 환난은 인내를 인내는 연단을 연단은 소망을 이루는 줄 앎이로다." 하나님은 그의 자녀들을 연단함으로써 정금같이 나오기를 원하신다는 것입니다. 베드로전서 1장 7절의 말씀을 보면, 하나님은 칭찬과 영광과 존귀를 얻게 하려고 우리를 연단하신다고 말씀하고 있습니다. 결국 하나님께서 우리를 영적으로 연단하시는 것은 우리로 하여금 영적인 발돋움을 하도록 그렇게 한다는 사실입니다.

적용

그렇다면 우리가 여러 가지 연단을 받을 때 어떻게 해야 합니까? 첫째, 연단의 현실을 그대로 받아들여야 합니다. 본문 28절에 보면 '야곱이 그대로 하여'라는 말이 나옵니다. 이것이 중요합니다. 연단이 왔을 때 그대로 받아들여야 합니다. 야곱은 외삼촌 라반의 제안을 그대로 받아들였습니다. 더 이상 원망과 불평을 토로하지 않습니다. 낙심하고 좌절하거나 그것을 거부하지도 않습니다. 그대로 레아를 아내로 받아들이고, 라헬을 얻기 위하여 또다시 칠 년이라는 세월 동안을 열심히 일합니다.

　사랑하는 성도 여러분! 혹여 현재 연단 받는 중에 있으십니까? 그렇다면 어떠한 연단이라도 현실을 그대로 받아들이고 감당하는 하나님의 사람들이 되시기를 바랍니다. 야곱이 그랬던 것처럼 원망과 불평, 좌절과 낙심 대신 그 안에 숨어있는 하나님의 뜻과 의도를 깨닫고 발견하시기를 주의 이름으로 축원합니다. 하나님의 사람으로 한 시대에 귀하게 쓰임 받은 사람치고 연단이 없었던 사람은 단 한 사람도 없습니다. 그 연단의 과정을 인내하며 잘 감당하고 통과했기에 연단 후 하나님의 나라의 위대한 일꾼으로 쓰임을 받을 수 있었습니다.

　둘째, 연단을 받을 때에 감사와 기쁨으로 감당해야 합니다. 흔히들 하는 말로, 피할 수 없으면 즐기라는 말이 있습니다. 할 수밖에 없는 것이라면 기쁘게 감당하는 것입니다. 이왕에 감당 할 바에는 감사와 기쁨으로 감당하는 것이 좋습니다. 야곱이 다시 칠 년을 섬길 때에 어떻게 섬겼습니까? 본문 30절에 '라헬을 더 사랑하고', 여기에 열쇠가 있습니다. 야곱은 라헬을 사랑함으로 다시 칠 년을 라반에게 봉사할 수 있었습니다. 즐겁고 기쁜 마음으로 자신이 감당할 연단을 수행했다는 것입니다.

　연단은 받는 사람에게는 고통을 안겨주지만, 하나님은 그 연단을 통하여 정금과 같은 사람으로 만드십니다. 연단을 통하여 믿음의 사람은 더욱더 신실한 하나님의 사람으로 거듭나는 자가 되어, 더욱 하나님의 상급을 받는 사람으로 성숙하고 성장하는 것입니다. 그러므로 우리는 연단하시는 하나님의 이러한 섭리를 깨달아, 하나님의 연단을 긍정적인 마음으로 감사하며 받아들이고, 기쁨과 즐거움으로 감당해야 합니다. 이 은혜가 여러분 모두에게 있기를 소원합니다.

셋째, 하나님께서 주시는 능력으로 감당해야 합니다. 야곱은 라헬을 얻기 위하여 칠 년을 라반에게 봉사했습니다. 앞서 일했던 봉사는 모두 물거품이 되어버리고 라헬을 얻기 위해서 또다시 칠 년이란 세월을 라반에게 봉사해야 했습니다. 아마도 야곱의 입장에서는 정상적인 마음으로는 감당할 수 없는 상황이었을 것입니다.

그러나 야곱은 자신이 사랑하는 라헬을 얻기 위해 또다시 칠 년 동안의 봉사를 하기로 마음먹습니다. 그러면서도 봉사하는 그 세월 동안 많은 생각이 그의 머릿속에서 맴돌았을 것입니다. 여러 가지 생각으로 힘들고 지쳤을 때 그는 특별히 벧엘에서 자신을 만나주셨던 그 하나님을 찾았을 것입니다. 그리고 이렇게 기도했을 것입니다. "내 인생에서 힘들고 고통스런 시기에 벧엘에서 만나주셨던 하나님! 저는 그때 저에게 말씀하신 하나님의 약속을 믿습니다. 능력의 하나님만을 의지합니다. 벧엘에서 저를 친히 찾아오셔서 만나주신 하나님께서 지금도 저를 만나주시고, 내 상한 마음을 만져주시고, 이 모든 것을 감당할 수 있는 힘과 능력을 주십시오."

야곱이 또다시 칠 년을 봉사할 때는 결코 자신의 힘과 능력만 믿고 하지 않았습니다. 하나님이 주시는 힘과 능력으로 이 모든 것을 감당해 갔던 것입니다.

우리도 살아가면서 내 힘과 능력으로는 감당하기 어려운 연단을 경험할 때가 많습니다. 모든 것이 마음먹은 대로 되지 않습니다. 내 힘과 능력으로 되지 않아 좌절하고 절망 가운데 빠질 때가 많습니다. 이때 하나님은 말씀하십니다. 스가랴 4장 6절에 "… 이는 힘으로 되지 아니하며 능으로 되지 아니하고 오직 나의 영으로 되느니라." 그렇습니다. 여러분이 어떤 연단을 받는다고 할지라도 여호와의 영이 임하면 능히 감당할 수 있는 줄로 믿습니다. 이에 대해 다윗은 시편에서 이렇게 노래합니다. "나의 힘이 되신 여호와여 내가 주를 사랑하나이다"(시 18:1). "여호와여 주의 긍휼을 내게서 거두지 마시고 주의 인자와 진리로 나를 항상 보호하소서 수많은 재앙이 나를 둘러싸고 나의 죄악이 나를 덮치므로 우러러볼 수도 없으며 죄가 나의 머리털보다 많으므로 내가 낙심하였음이니이다 여호와여 은총을 베푸사 나를 구원하소서 여호와여 속히 나를 도우소서"(시 40:11-13).

하나님께서 능력 가운데 우리를 도우시면 우리에게 주어진 어떤 연단도 감당할 수 있습니다. 사랑하는 성도 여러분! 우리는 주님 앞에 서는 그날까지 수 없는 연단의 과정을 거쳐야 합니다. 그때마다 오늘 말씀으로 은혜를 나눈 야곱과 같이 연단을 잘 감당함으로써 영적으로 끊임없이 성장하고 성숙해져 하나님 앞에 존귀하게 쓰임 받는 신실한 하나님의 일꾼들이 되시기를 바랍니다.

영적 발돋움

7

영적 연합

창세기 29:31-35

영적 발돋움 7
영적 연합
창세기 29:31-35

들어가는 말

오늘은 종려주일입니다. 예수님께서 우리의 죄를 사하시고 구원하시려고 예루살렘에 입성을 하셨을 때에 종려나무가지를 베어다가 길에다 펴고서 호산나 다윗의 자손이여 외치며 환호성을 쳤던 것을 기념하는 주일입니다. 무엇보다 이 날은 고난주간의 첫 날이기도 합니다. 이에 우리 교회는 주님의 고난에 동참하면서 성찬식을 갖게 되었습니다. 하나님께서 우리 각 개인과 교회 위에 크신 은혜를 주실 줄로 믿습니다.

우리는 종려주일임에도 불구하고 지난주에 이어 이번 주에도 주님께서 원하시고 기대하시는 영적인 발돋움에 대하여 은혜를 나누려고 합니다. 지난주에는 영적 연단에 대하여 은혜를 나누었습니다. 오늘은 영적 연합에 대하여 말씀을 나누면서 은혜를 받고자 합니다.

영적 발돋움은 연합함에 있다고 할 수 있습니다. 연합에는 힘이 있습니다. 능력이 있습니다. 지혜가 있습니다. 전진이 있습니다. 성장이 있습니다. 성숙함이 있습니다. 연합할 때 이기게 됩니다. "뭉치면 살고 흩어지면 죽는다"는 말이 있습니다. 결국 성도는 연합할 때 살게 됩니다.

그런데 이 연합이 영적 발돋움을 하게 하는 연합이 되기 위해서는 반드시 하나님과의 연합이어야 합니다. 이는 신비스런 연합입니다. 또한 하나님의 사람들과의 연합함이어야 합니다. 하나님의 사람들이 한마음이 되어 서로서로를 돌아보며 사랑과 선행과 격려가 있어야 합니다. 더 나아가 하나님의 교회 공동체와의 연합이어야 합니다. 한 사람의 지혜와 믿음에는 한계가 있습니다. 이러한 연합을 통해서 우리는 더불어 성장하고 성숙할 수 있기 때문입니다. 한 시대에 하나님 앞에 존귀하게 쓰임 받은 사람들을 보면 모두 이 연합함의 대가들임을 알 수 있습니다.

1. 야곱의 연합

야곱을 보십시오. 그가 벧엘에서 하나님을 경험하고 난 이후, 그는 인생은 하나님과의 연합함이 있어야 한다는 사실을 깨닫게 됩니다. 인생이 아무리 힘들고 고통스럽다 할지라도 하나님과의 연합이 있으면 그 모든 것이 해결되고 새로운 인생을 살 수 있다는 것을 알았습니다. 외삼촌 라반이 결혼문제를 가지고 자신을 속였습니다. 그로 인하여 마음이 아프고, 고통스러운 가운데 있었지만 그는 참고 견디고 인내하면서 주어진 현실을 그대로 받아들였습니다. 야곱이 어떻게 그러한 고통스러운 현실을 잘 이겨낼 수 있었을까요? 야곱의 인격이 좋아서도 아닙니다. 아니면 남들보다 마음이 넓어서도 아닙니다. 그가 어려운 상황을 이겨낼 수 있었던 것은 바로 하나님과 깊은 교제를 통해서 연합했기 때문입니다. 자신이 받는 고난 가운데 하나님의 섭리가 있음을 믿었던 것입니다. 야곱은 하나님께서 자신에게 말씀하신 것을 기억했습니다. "또 본즉 여호와께서 그 위에 서서 이르시되 나는 여호와니 너의 조부 아브라함의 하나님이요 이삭의 하나님이라 네가 누워 있는 땅을 내가 너와 네 자손에게 주리니 네 자손이 땅의 티끌 같이 되어 네가 서쪽과 동쪽과 북쪽과 남쪽으로 퍼져나갈지며 땅의 모든 족속이 너와 네 자손으로 말미암아 복을 받으리라 내가 너와 함께 있어 네가 어디로 가든지 너를 지키며 너를 이끌어 이 땅으로 돌아오게 할지라 내가 네게 허락한 것을 다 이루기까지 너를 떠나지 아니하리라 하신지라."(창 28:13-15)

이러한 하나님과의 연합이 이루어짐으로 야곱은 라반과 연합을 합니다. 인간적인 배신감으로 인해 분노가 치밀어 올라 인간의 참을성에 한계점을 맛보기도 했지만 이 모든 것을 누르고 라반과 연합을 이룹니다. 더 나아가서 그는 레아와 연합을 이룹니다. 이러한 모든 과정을 통해서 야곱이 영적인 발돋움을 더해가는 것을 보게 됩니다.

2. 레아의 연합

　야곱의 아내 레아를 보십시오. 그녀도 하나님과 연합을 이룸으로써 한 시대에 존귀하게 쓰임을 받았습니다. 아버지 라반의 명령으로 강제적으로 야곱과 부부의 연을 맺게 되었습니다. 정말 자신은 원하지도 않는 결혼을 한 것입니다. 그는 야곱을 자신의 남편감으로 생각해 본 적이 없습니다. 그러므로 사랑은 물론이거니와 남편을 존경하고 설레는 마음조차도 없이 갑자기 결혼식을 치루고 만 것입니다. 결혼이란 것은 기본적으로 한 남자와 한 여자 사이에 사랑과 신뢰가 바탕이 되어야 합니다. 처음에 그러한 마음으로 결혼을 해도 살다보면 힘들고 어려운 점이 한 두 가지가 아닌 것이 결혼생활입니다. 더욱이 레아를 더 힘들게 했던 건 남편 야곱이 자신에게 마음을 전혀 주지 않습니다. 남편의 마음은 언제나 자기의 동생 라헬에게 가 있습니다. 결혼한 여자가 정작 남편에게 사랑받지 못한다는 것은 여자로서 굉장히 불행한 일이 아닐 수 없습니다. 결혼은 했지만 남편으로부터 사랑받지 못하는 레아의 결혼생활이 얼마나 고독하고 힘들었겠습니까? 자신의 가족은 물론 주변 사람들에게도 매우 자존심이 상하고 수치스러운 일입니다. 이러한 생활이 지속되면서 남편의 사랑을 한 몸에 받고 있는 동생 라헬에게 미운 감정이 들 수도 있었을 것입니다.

그런 레아도 연합함으로써 영적인 발돋움을 하는 것을 볼 수 있습니다. 그녀는 먼저 하나님과 연합을 합니다. 그녀는 자신의 억울함, 힘들고 고통스러운 심정을 하나님께 기도로 토로합니다. 그녀는 답답한 상황 가운데서 하나님의 돌보심과 은혜가 필요함을 깨닫고 그녀는 그것을 간절히 사모했습니다. 그러자 하나님은 레아의 이러한 모습을 보시고 은혜를 베풀어주셨습니다. "여호와께서 레아가 사랑 받지 못함을 보시고 그의 태를 여셨으나 라헬은 자녀가 없었더라"(31절). 즉, 레아는 하나님과의 연합을 통해서 무려 일곱 명의 자녀를 얻게 됩니다. 그 첫째 자녀가 '여호와께서 나의 괴로움을 돌보셨으니'라는 뜻의 르우벤이고, 둘째는 '나의 사랑받지 못함을 들으셨으므로'를 뜻하는 시므온, 셋째는 '내 남편이 지금부터 나와 연합함이로다'의 뜻을 지닌 레위, 그리고 넷째는 '여호와를 찬송하리로다'를 뜻하는 유다. 이 유다는 후에 하나님 나라의 지도자로 선출되어 예수님의 육적인 조상이 됩니다. 다섯째는 '하나님이 내게 값을 주셨다'의 잇사갈이며, 이어서 여섯째는 '이제 그가 나와 함께 살리라'를 뜻하는 스불론이며, 마지막으로 일곱째 딸 디나를 얻습니다.

레아는 여인으로서는 불행한 삶을 살았지만, 그럼에도 불구하고 하나님과 연합하고 또한 남편과 연합함으로써 많은 자녀를 얻는 복을 받음으로 하나님의 축복의 통로가 됩니다. 온사랑 교회 모든 여성들이 레아의 복을 받기를 바랍니다. 그러기 위해서는 연합해야 합니다. 하나님과 연합하고, 하나님의 사람들과 연합하고, 주의 몸된 교회

공동체와 연합해야 합니다.

3. 예수님의 연합

　영적인 연합의 가장 대표적인 분은 바로 예수님이십니다. 예수님은 곧 하나님으로서 하나님의 보좌에서 영원히 왕으로서 찬양과 경배와 영광을 받으시기에 합당하신 분이십니다. 그 하나님이신 예수님께서 이 땅에 죄인들을 구원하시려고 이 낮고 낮은 땅에 인간의 몸을 입고 몸소 오셨습니다. 왕이신 예수님의 출현은 이 땅을 사는 사람들에게는 큰 은총이고 축복입니다. 그렇다면 당연히 사람들은 하나님이신 예수님을 기쁨과 감사함으로 맞아야 할 것입니다. 그러나 현실은 그렇지 못했습니다. 사람들은 예수님을 거절하고 거부했습니다. 특별히 하나님의 선민 이스라엘이 예수님을 메시아로 인정하지 않고 그들의 영적 무지로 인해 결국 예수님을 십자가에 매달아 죽이기까지 합니다. 그럼에도 불구하고 예수님은 자신을 거부하고 미워하는 인간들을 위해 자신의 몸을 내어줌으로써 구원의 은총을 베풀어 주셨습니다. 당신의 죄 없으신 그 고귀한 몸을 찢겨주시고 피 흘려 주심으로 우리의 모든 죄악을 다 사하시고 우리로 하여금 대속의 은혜를 입게 해주셨습니다.

　예수님께서는 어떻게 자신을 고통 가운데 내몰 수 있었을까요? 그것은 하나님과의 영적인 연합이 항상 있었기에 가능했습니다. 예수님은 이 땅에 오시기 이전부터 하나님과 하나이셨습니다. 그리고 이 땅에 오신 후에도 언제나 하나님과 친밀한 연합을 이루어 갔습니다. 기도와 말씀으로 하나님의 거룩한 뜻과 계획하심에 순종함으로 온전한 연합을 이루셨습니다. 예수님께서는 하나님과 연합하심으로써 사람들과의 연합을 이룰 수 있었습니다. 무엇보다 자신을 십자가에 매달아 죽인 사람들과 그 상황에서 자신을 배반하고 떠난 제자들을 향하여서 연합을 이루셨습니다. 이러한 연합으로 인해 예수님은 우리의 영원한 구주가 되셨습니다. 온 인류에 구원의 은총을 베푸신 주님을 영원히 찬양합니다.

적용

그렇다면 영적인 연합은 어떻게 이루어집니까? 첫째, 기도함으로 연합할 수 있습니다. 기도는 하나님과의 연합할 수 있는 가장 좋은 통로입니다. 위에서 살펴본 바와 같이 야곱과 레아도 하나님께 기도함으로 연합했습니다. 예수님도 마찬가지입니다. 늘 기도하심으로 하나님과의 연합의 끈을 놓지 않으셨습니다. 공생애 기간 중 하나님의 나라를 위해 분주한 사역 가운데서도 예수님은 반드시 일정한 시간을 쪼개어 한적한 곳에 가셔서 기도의 시간을 가짐으로써 하나님과의 연합의 시간을 가졌습니다. 이와 같이 여러분도 늘 기도하심으로 하나님과의 깊은 연합이 있으시길 바랍니다.

둘째, 하나님의 섭리와 뜻에 순종함으로 연합할 수 있습니다. 야곱은 애초부터 레아를 향한 사랑의 마음이 없었습니다. 오로지 그에게는 라헬만이 연정의 대상이었습니다. 그의 머릿속은 이미 라헬로 꽉 채워져 있었기 때문에 레아를 품을 자리가 없었습니다. 그럼에도 불구하고 그는 라헬이 아닌 레아를 먼저 자신의 아내로 취하는 것을 하나님의 뜻과 섭리로 받아들이고 순종하며 따릅니다. 레아도 마찬가지입니다. 자신을 사랑하지 않는 남편으로 인해 매우 속상하고 자존심도 상하지만, 그의 아내 됨이 하나님의 뜻과 섭리임을 알고 이를 받아들이고 순종합니다. 하나님의 뜻을 따라 순종하며 따르는 모습은 예수님의 십자가의 죽음에서 그 절정을 이룹니다. 예수님은 인류를 구원하시고자 하는 하나님의 뜻을 이루기 위해 십자가상에서 자신의 몸을 찢고 피 흘리심으로 순종의 모범을 보이셨습니다. 이와 같이 여러분에게도 우리를 향한 하나님의 뜻과 섭리 앞에 순종하여 나아감으로 진정한 연합을 이루는 은혜가 있기를 바랍니다.

셋째, 주의 성찬에 합당한 삶을 살아감으로 연합할 수 있습니다. 성찬은 주님의 몸과 피를 기념하는 것입니다. 나 같은 죄인을 구원하시기 위하여 몸을 찢으시고 피 흘려주신 주님의 은총을 기념하며 구원하신 은혜에 감사함으로 참여하는 것입니다. 주님의 찢기신 몸과 흘리신 피를 기념하며 먹고 마시는 일에 참여함으로써 주님이 내 안에, 내가 주님 안에 거하게 되는 완전한 연합이 이루어지는 것입니다.

이 성찬에 함께 참여한 모든 성도들은 한 몸과 한 피를 나눈 하나의 지체가 되었습니다. 따라서 성찬은 나와 주님과 연합해 하나가 되며, 주님의 살과 피를 나눈 성도들과 하나의 지체가 되는 의식입니다. 이것이 성찬의 본래적 의미입니다. 우리는 이러한 성찬의 의미를 깊이 되새겨 이것에 합당한 삶을 살기 위하여 하나님을 사랑하고 공동체에 속한 지체를 내 몸과 같이 사랑하여 섬김과 나눔의 삶을 살아가야 합니다.

사랑하는 성도 여러분! 이러한 성찬의 의미를 마음속 깊이 새기며 성찬에 참여함으로써 하나님과 진정한 연합을 이룰 뿐 아니라 공동체 형제자매들과도 온전한 연합을 이루어 주님이 오시기까지 거룩하게 살면서 하나님 나라의 위대한 일꾼으로 쓰임 받는 신실한 성도들이 다 되시기를 바랍니다.

영적 발돋움

8

부활신앙

사도행전 17:32-34

영적 발돋움 8
부활신앙

사도행전 17:32-34

들어가는 말

　예수님께서는 십자가에 달려 돌아가신 후 사망권세를 이기시고 삼일 만에 부활하셨습니다. 부활하신 우리 주님께 찬양과 경배와 영광을 돌려드립니다. 부활하신 주님께서 오늘 우리 모두에게 크신 은총으로 함께해 주시기를 바랍니다.

　예수님의 부활은 기독교 신앙의 핵심으로서 예수님의 부활이 없었다면 우리가 예수님을 믿을 아무런 이유나 의미도 없을 것입니다. 죽음에서 부활하신 주님으로 인해 믿는 우리도 그 부활의 주님과 함께 새 생명을 얻게 된 것입니다. 그러므로 우리가 그 부활의 주님 앞에 설 때 모든 것은 새로워지며, 죽음까지도 그 부활 앞에서는 무력해집니다. 이러한 부활이 이 땅을 살아가는 우리 인생들에게 던져주는 메시지는 다음과 같이 놀라운 은혜로 다가옵니다.

첫째, 예수님의 부활은 죄에 대한 승리입니다. 이 땅에 죄를 가지고 온 자는 마귀이며, 그 죄로 인하여 죽음이 왔습니다. 따라서 예수님의 부활은 죄에 대한 승리이며 죄를 가지고 온 마귀에 대한 승리입니다. 예수님의 십자가와 부활에 연합된 우리는 죄에서 자유함을 얻어 영생을 얻습니다. 이 얼마나 놀라운 은혜입니까? 그리스도 안에 있는 우리에게 더 이상 마귀는 우리의 죄에 대하여 정죄하거나 참소할 수 없습니다.

둘째, 예수님의 부활은 능력입니다. 연약하고 부족한 자들, 또한 힘없고 온전치 못한 자들에게 능력이 됩니다. 더욱이 죄에 매여 일생동안 종노릇 하는 우리를 자유케 하여 주셨으니 부활을 생각하면 우리는 어떤 상황에서도 좌절하지 않고 새 힘을 얻고 일어날 수 있습니다. 그래서 부활의 주를 경험한 자는 죽음도 불사하고 복음을 담대히 전하게 됩니다.

셋째, 예수님의 부활은 소망입니다. 거친 세파에서 좌절과 절망과 낙심 가운데 빠진 자들에게 소망이 되어 줍니다. 그것도 일시적인 것이 아닌, 영원한 소망이 됩니다.

넷째, 예수님의 부활은 축복입니다. 죄로 인해 심판받아 멸망할 수밖에 없는 인생들을 부활의 생명으로 인도하는 축복이 됩니다.

사도 바울은 다메섹 도상에서 부활의 주님을 직접 만났습니다. 부활의 주님을 만난 바울은 부활의 승리와 능력과 소망과 축복을 받아 누리는 자가 되었습니다. 부활의 주님을 만난 이후 바울의 인생은 180도 바뀐 삶을 살았습니다. 그는 근본 유대주의자로서 부활하신 예수님을 믿는 기독교인들을 앞장서서 죽이는 일을 했던 자였습니다. 예수는 물론 그를 추종하는 모든 자들을 미워하고 증오했던 자였습니다. 그러던 그가 부활하신 주님을 만난 이후 전혀 다른 사람으로 변화된 것입니다. 사도 바울은 부활의 주님을 증거 하는 일에 자신의 전 인생을 바쳤으며, 세상의 다른 모든 것들은 배설물로 여기며, 주님 안에서 사는 것을 최고의 기쁨이자 축복이라 여기며 살았습니다.

사랑하는 성도 여러분! 바울이 부활하신 주님을 경험함으로써 부활의 승리와 능력과 소망과 축복을 받아 누린 것처럼 우리도 그 부활하신 주님을 경험함으로써 이 모든 것들을 누리는 삶이 되시기를 소원합니다.

1. 부활의 복음에 대한 두 가지 반응

바울은 부활하신 주님을 경험한 이후 자신의 삶의 기준과 가치관과 꿈과 비전이 완전히 바뀌었습니다. 그동안 자신의 신념과 의지와 열정으로 살았다면 부활하신 주님을 경험하고 난 이후에는 부활하신 주님을 위해서 살겠다고 다짐하고 결단하면서 살아갑니다. 일생을 부활하신 주님을 증거 하는 일에 헌신하며 살아갑니다.

사도 바울은 소아시아와 유럽 일대에 전도여행을 하며 복음을 전하는 일에 전력을 다합니다. 본문에서 그가 간 곳은 그리스 아테네입니다. 바울이 아테네에 당도해 보니 무수한 신화와 철학들이 난무했습니다. 대표적으로 에피쿠로스학파의 영향을 받은 자들과 스토아학파의 영향을 받은 자들이 주류를 이루고 있었습니다. 우리가 잘 알고 있는 것처럼 스토아학파는 지식을 추구하는 자들입니다. 그래서 아는 것이 힘이라고 외치며, 고상한 지식을 소유하는 것을 최고의 가치로 여겼습니다. 반면, 에피쿠로스학파는 현실적인 행복을 추구하는 자들입니다. 쾌락과 감각적인 만족을 중시하고, 향락적인 삶을 추구하는 자들입니다. 인간의 궁극적인 목적을 쾌락에 두었습니다. 현재 잘 먹고, 잘 살고, 잘 즐기는 것을 최고의 가치로 두는 자들이었습니다.

이처럼 헛된 지식과 허망한 사변에 젖어 세상의 참 진리가 되시는 부활의 주님을 알지 못하는 이들에게 바울은 안타까운 마음으로 부활의 주님을 증거 합니다. 그런데 바울이 전하는 복음을 듣던 자들의 반응은 크게 두 가지 형태로 나타났습니다.

먼저 보이는 반응은 바울이 전하는 부활의 복음에 대해 무조건 거부하고 거절합니다. 죽은 사람이 부활한다는 것은 거짓에 불과함으로 믿을 수 없다는 것입니다. 이들은 주님의 부활 사건을 자신들이 지금까지 경험하고 알아온 지식의 틀에서 생각함으로 이를 받아들일 수 없었습니다. 지금까지 그들에게는 세상 지식이 최고였으며, 세상의 쾌락과 향락이 자신들이 추구하고 이루어야 할 인생 최고의 목표였습니다. 그러므로 그들에게는 지금, 이 순간의 쾌락과 향락이 중요하지, 죽은 다음에 일어날 미래의 부활에는 관심이 없습니다. 그래서 오히려 부활의 복음을 전하는 바울을 조롱했습니다.

또 하나의 반응은 이와는 반대로 바울이 전하는 메시지에 관심을 보이고 다시 듣고자 하는 적극적인 반응을 보입니다. 즉, 몇 사람이 가까이 와서 부활의 복음을 듣고 믿음으로 반응합니다.

복음에 대한 이러한 반응은 오늘날에도 크게 다르지 않습니다. 지금도 부활의 복음 앞에는 두 가지 형태의 반응들이 나타납니다. 부활의 복음에 대해 이성의 사고에 갇혀 하나님의 능력을 이해하지 못하는 어떤 사람들은 결코 일어날 수 없는 일이라며 믿지 못하겠다고 거부하고 거절합니다. 반면, 어떤 사람들은 부활의 복음을 자신을 위한 복음으로 믿고 받아들입니다. 부활신앙을 가진 믿음의 사람으로 거듭나게 됩니다.

우리가 영적인 발돋움을 하기 위해서는 먼저 예수님께서 우리의 죄를 대속하기 위해 십자가에 달려 돌아가시고 부활하심으로 그것을 믿는 자마다 영생을 얻는 부활의 생명을 주셨음을 믿는 확고한 부활신앙을 가져야 합니다. 이 부활신앙이 믿음 생활 가운데 확고히 뿌리내리지 않으면 영적 발돋움을 할 수 없습니다. 우리의 삶에 확실한 부활신앙이 자리매김할 때, 그때에야 비로소 영적으로 한 단계 성장하고 성숙할 수 있는 영적 발돋움을 이룰 수 있습니다.

2. 부활신앙

부활신앙이 무엇입니까? 예수 그리스도가 죽음에서 다시 살아나신 것을 역사적인 사건과 사실로 믿는 것입니다. 비록 세상의 많은 사람들이 역사적, 지식적, 경험적, 과학적인 근거를 들면서 예수님의 부활을 사실로서 믿지 못한다고 하더라도, 우리 그리스도인들은 주님의 부활을 믿음으로 조금도 의심하지 않고 마음으로부터 나오는 그 확신을 입으로 시인하는 것입니다.

로마서 4장 25절은 예수님의 부활에 대해 "예수는 우리가 범죄한 것 때문에 내줌이 되고 또한 우리를 의롭다 하시기 위하여 살아나셨느니라"고 말씀하고 있습니다. 예수님의 부활은 일찍이 하나님이 예언하신 말씀에 따라서 이루어진 역사적인 사건입니다. 예언의 성취로서 하나님의 능력으로 이루어진 것입니다. 그러므로 부활의 주님을 믿는다는 것은 하나님의 전능하신 능력을 믿는 것입니다. 하나님의 능력은 무한하시며 광대하시기 때문에 능치 못할 일이 없으십니다. 그 하나님께서 만세 전에 계획하셨던 인류 구원이라는 은총을 주시기 위해 독생자 예수를 우리를 위한 대속 제물로 주시고 부활을 통하여 그를 믿는 모든 자들에게 부활의 산 소망을 주셨습니다. 그래서 예수님은 부활의 첫 열매가 되셨습니다. 그 결과 부활신앙을 가진 우리도 예수님의 부활로 인하여 부활될 것을 믿습니다. 이것이 바로 부활신앙입니다.

우리가 이 부활신앙을 가지기 위해서는 어떻게 해야 합니까? 부활하신 주님을 믿는 믿음을 지켜 나가야 합니다. 어떤 의심의 장애물이 있다고 하더라도 굳게 지켜 나감으로 말미암아 견고한 부활신앙을 소유할 수 있습니다. 즉, 우리의 인생을 부활하신 주님께 집중하고 초점을 맞추는 것입니다. 부활하신 주님을 믿는 부활신앙이 우리의 확고한 믿음이 되어야 합니다. 그러한 믿음을 유지하고 살기 위해서는 부활하신 주님을 항상 의지하고 바라보아야 합니다. 그러할 때 우리는 흔들리지 않는 부활신앙을 가질 수 있습니다.

적용

그렇다면 부활신앙을 가진 자는 주어진 삶의 현장에서 어떻게 살아야 합니까? 첫째, 부활의 기쁨과 평안과 행복을 누리는 삶을 살아야 합니다. 우리가 사는 세상에서 부활의 소식보다 더 놀랍고도 기쁜 소식이 어디 있겠습니까? 예수님이 죽음을 이기고 부활의 첫 열매가 되심으로 말미암아 예수님의 부활을 믿는 우리들도 부활의 산 소망을 가지고 살아갈 수 있게 되었습니다. 예수님의 부활이 곧 나의 부활이 되었습니다. 예수님의 부활로 하나님의 생명이 나에게 주어진 것입니다. 하나님의 사람으로 새롭게 태어난 것입니다. 정말로 놀랍고도 감격스러운 일이 아닐 수 없습니다. 이 땅에 그 무엇으로도 될 수 없고 할 수 없는 것을 하나님의 전적인 은혜로 부활의 주님을 나의 주님으로 나의 왕으로 알고 믿고 모시게 되었습니다. 측량할 수 없는 은혜이며 놀라운 축복입니다.

따라서 부활하신 주님을 믿는 자들은 언제나 기쁨과 평안함과 행복을 누려야 합니다. 모든 불안과 초조와 눌림이 사라지고 기쁨의 세계로, 평안의 세계로, 그리고 행복의 세계로 들어가야 합니다. 그리고 그것을 누리는 것입니다. 무덤에서 부활하신 주님이 이 땅에 다시 오셔서 가장 먼저 하신 말이 무엇입니까? 그것은 바로 평안을 묻는 말이었습니다. "그 여자들이 무서움과 큰 기쁨으로 빨리 무덤을 떠나 제자들에게 알리려고 달음질할 새 예수께서 그들을 만나 이르시되 평안하냐 하시거늘 여자들이 나아가 그 발을 붙잡고 경배하니"(마 28:8-9).

부활하신 주님을 바라보는 자는 비록 현재의 삶이 힘들고 어려울지라도 주님이 주시는 평안으로 말미암아 언제나 기쁨과 감사가 넘치는 삶을 살아갈 수 있습니다. 이것이 바울의 삶이었습니다. 바울은 부활하신 주님을 만난 이후로는 언제나 부활하신 주님으로 인하여 감사와 기쁨이 넘치는 삶을 살았습니다. 그는 복음 전하는 일로 말미암아 갖가지 신체의 고통과 생명의 위협을 당하였지만, 언제 어디서나 마음의 평안을 잃지 않았습니다. 주 안에서 누리는 평안이 항상 그를 따랐기 때문입니다.

사랑하는 성도 여러분! 부활하신 주님으로 인하여 여러분의 마음에 참된 평안함이 가득하기를 바랍니다.

둘째, 부활하신 주님을 증거 하는 삶을 살아야 합니다. 부활의 소식은 최고의 기쁜 소식입니다. 우리로 하여금 구원과 영생과 소망을 주는 소식이기 때문입니다. 그러나 누구든지 부활하신 주님을 믿지 않으면 이러한 것에 참여할 수가 없습니다. 따라서 이미 믿는 우리는 부활하신 주님을 증거 하는 삶을 살아야 합니다.

예수님의 부활을 경험하거나 체험한 자들은 모두가 부활하신 주님을 증거 하는 자들이 되었습니다. 열두 사도들이 그러했습니다. 또한 평신도 사역자들인 빌립이나 스데반이 그러했습니다. 스스로 만삭되지 못한 죄인중의 괴수라고 했던 바울도 부활의 산 증인이 되었습니다. 부활하신 주님께서 친히 말씀하십니다. "또 이르시되 너희는 온 천하에 다니며 만민에게 복음을 전파하라"(막 16:15). 그러므로 믿는 우리 모두에게는 주님의 명령을 따라 부활하신 주님을 증거 해야 하는 증인으로서의 삶을 살아야 할 사명이 있습니다. 때를 얻든지 못 얻든지 이 부활의 복음을 전함으로 부활의 기쁜 소식이 만방에 전파되게 해야 합니다. 우리의 마음과 뜻이 온전히 이 일에 맞춰지게 되기를 바랍니다.

사랑하는 성도 여러분! 살아 있는 부활신앙을 통해 끊임없이 영적 발돋움을 함으로써 하나님께 영광을 돌리고 주신 사명 잘 감당할 수 있기를 주님의 이름으로 기원합니다.

영적 발돋움

9

영적 성실

창세기 30:25-31

영적 발돋움 9
영적 성실
창세기 30:25-31

들어가는 말

따스한 봄날을 맞았습니다. 거리에는 향기로운 꽃내음이 진동하기 시작합니다. 우리의 신앙에도 영적 발돋움의 내음이 진동하기를 바랍니다. 하나님의 사람들은 끊임없이 영적 발돋움을 해야 합니다. 끊임없는 영적 발돋움이 있을 때에라야 우리의 신앙이 침체되지 않고 계속적으로 성장하고 성숙할 수 있기 때문입니다. 참으로 이것이야말로 하나님이 기뻐하시는 일이며, 바라시는 일입니다.

지금까지 우리는 하나님의 사람 야곱의 일생을 통해서 영적 발돋움의 비결을 발견하고 있습니다. 오늘도 주시는 말씀을 통해서 은혜 받고, 도전받아 영적 발돋움에 매진하시기 바랍니다.

하나님의 사람 야곱은 형 에서를 피해 밧단아람에 있는 그의 외삼촌 라반의 집에 머무르며, 라헬과 레아를 위해서 십 사년의 세월 동안 라반에게 일하며 지냅니다. 라반은 라헬을 아내로 내어주고 이를 위해 칠 년 동안 일하기로 약속 했지만 첫날밤을 치루고 나니 약속한 라헬이 아니라 레아였습니다. 그 후에 라반은 라헬을 아내로 내어 주면서 칠 년을 더 일해야 한다고 했습니다. 야곱은 레아와 라헬 두 사람을 동시에 데리고 살면서 결국 십 사년을 외삼촌 라반의 집에서 일하면서 살았습니다. 자그마치 십 사년 동안 실제적인 대가없이 노동을 한 것입니다.

1. 야곱의 고민

어느덧 세월은 점점 흐르고, 세월의 흐름만큼 야곱의 가족들은 점점 늘어갑니다. 아내가 네 명이나 되었습니다. 레아와 라헬, 그리고 그들의 여종들인 빌하와 실바입니다. 야곱이 이 네 명의 아내로부터 얻은 자녀들은 아들 열한 명에 딸 한 명으로 가족이 열일곱 명으로 늘어나게 되었습니다. 가족이 늘어감에 따라 필요한 것도 많아졌습니다. 가족이 함께 살 집과 먹을 음식, 그리고 입을 옷 등, 가장 기본적인 것부터 시작해서 가족들이 살아가는 데 필요한 것들이 기하급수적으로 늘어났습니다. 이 시점에 야곱은 가장으로서 가족들의 필요를 공급해 주어야 했습니다.

그뿐만이 아닙니다. 특별히 아내를 여럿 두고 있다 보니 그 안에서 여자들 사이에서 벌어지는 팽팽한 긴장감이나 크고 작은 분쟁이나 다툼도 상시적으로 일어납니다. 이렇게 가족 간에 일어날 수 있는 인간적인 반목이나 갈등의 문제도 해결해야만 하는 숙제였습니다. 이제 야곱은 대가족의 가장이 되었지만, 대가족의 가장으로서 그만큼 이 대가족을 잘 이끌어 가야할 무거운 책무도 함께 짊어져야 했습니다.

그는 이제 고민에 빠졌습니다. 자신의 늘어난 가족들을 볼 때 많은 생각들이 머릿속을 복잡하게 만들었습니다. 이 많은 가족을 부양하기 위해서는 많은 물자가 필요했습니다. 그는 근 이십 년의 세월을 외삼촌 라반의 집에서 그를 위해 봉사해 왔지만, 그러나 그에게는 현재 자신의 이름으로 된 것이 아무것도 없습니다. 여기에 야곱의 깊은 고민이 있습니다. "내가 여기서 이십 년의 세월을 살면서 지금껏 무엇을 하면서 살아왔단 말인가? 내가 지금 여기서 무엇을 하는가? 앞으로 나는 어떻게 될 것인가? 어떻게 살아가야 하는가? 이 많은 가족을 어떻게 먹여 살릴 것인가? 또한 가족 내에서 상시적으로 일어나는 가족 간의 갈등 문제들은 어떻게 풀고 해결해 가야 할 것인가?" 이 문제가 야곱의 머릿속을 떠나지 않았습니다. 이러한 생각의 끝에는 앞으로 이런 식으로 외삼촌 집에 계속해서 머물러 있다가는 나와 가족 전체가 다 어려움에 처하게 될 것이라는 결론에 도달하게 됩니다.

이에 야곱은 큰 결심을 하게 됩니다. 이 모든 가족을 데리고 그동안 등졌던 고향으로 돌아갈 계획을 세웁니다. 야곱은 외삼촌 라반에게 자신과 자신의 가족을 고향으로 보내줄 것을 요구합니다. 라반은 야곱의 요구에 돈을 요구하는 것이라 여겨 품삯을 줄 테니 가지 말고 있을 것을 제안합니다. 야곱이 원하는 품삯을 정하면 그대로 주겠다고 합니다. 그러나 야곱은 외삼촌 라반이 호락호락하게 자신을 보내 줄 사람이 아니라는 것을 잘 알기에, 지금까지 자신이 얼마나 외삼촌을 위해서 열심히 일했으며, 그 결과 외삼촌네 집의 재산이 얼마나 늘어났는지에 대해서 조목조목 나열합니다. "야곱이 그에게 이르되 내가 어떻게 외삼촌을 섬겼는지, 어떻게 외삼촌의 가축을 쳤는지 외삼촌이 아시나이다 내가 오기 전에는 외삼촌의 소유가 적더니 번성하여 떼를 이루었으니 내 발이 이르는 곳마다 여호와께서 외삼촌에게 복을 주셨나이다 그러나 나는 언제나 내 집을 세우리이까."(창 30:29-30)

즉, 내가 어떻게 외삼촌 집에서 섬겼는지, 어떻게 외삼촌 집에서 가축을 쳤는지 외삼촌이 잘 아실 겁니다. 내가 오기 전에는 외삼촌의 소유가 적었습니다. 그러나 지금은 번성해졌습니다. 하나님께서 나로 말미암아서 축복해 주신 결과입니다. 그런데 지금까지 외삼촌은 늘 나를 속이고 이용만 해 먹었지 나에게 준 것이 없지 않습니까? 좋습니다. 그렇다면 이제부터 내게 아무것도 주시지 않아도 나를 위하여 이 일을 행하시면 내가 다시 외삼촌의 양 떼를 먹이겠다고 합니다. 그것이 무엇입니까? 창세기 30장 32-33절의 내용입니다. "오늘 내가 외삼촌의 양 떼에 두루 다니며 그 양 중에 아롱진 것과 점 있는 것과 검은 것을 가려내며 또 염소 중에 점 있는 것과 아롱진 것을 가려내리니 이같은 것이 내 품삯이 되리이다 후일에 외삼촌께서 오셔서 내 품삯을 조사하실 때에 나의 의가 내 대답이 되리이다 내게 혹시 염소 중 아롱지지 아니한 것이나 점이 없는 것이나 양 중에 검지 아니한 것이 있거든 다 도둑질한 것으로 인정하소서."

야곱은 이십 년이라는 긴 세월을 외삼촌 라반의 집에 거하면서 힘들고 어려운 많은 문제에 직면합니다. 첫째, 심리적·정신적인 면에서 힘이 들었습니다. 그는 타지에서 온 이방인으로서 늘 고독하고 외로웠습니다. 마음을 열고 대화할 상대도 없습니다. 게다가 혈육인 외삼촌은 자신을 속이고 이용하려고만 합니다. 고향을 떠나 타향에서 살아간다는 것이 그리 녹록한 일이 아니었습니다.

둘째, 육체적으로 힘들었습니다. 야곱은 지난 이십 년 동안 앞만 보며 일만 하면서 지냈습니다. 잠시도 쉬지 않고 라반을 위해 봉사했습니다. 오랜 시간의 고된 노동으로 인해 이제는 많이 지치고 힘이 듭니다. 나이가 들어가면서 기력도 딸립니다. 이전의 젊은 시절의 원기 왕성했던 야곱이 아닙니다. 라반도 이에 대해서는 할 말이 없습니다. 라반도 이에 대해서는 누구보다 잘 알고 있었기 때문입니다.

셋째, 가정적으로 힘들었습니다. 야곱과 자신의 아내들 사이에 발생하는 갈등과 반목 상황으로 인한 다툼과 분쟁으로 인해 야곱은 마음이 괴로웠습니다. 남편이자 가정의 가장으로서 가정의 화평을 이끌어 가기 위해서는 이 상황을 잘 해결해 내어야 하는데, 그것이 말처럼 그리 쉽지 않습니다. 가정에서 일어나는 갈등 상황도 야곱을 무척 힘들게 하는 요소였습니다.

    넷째, 경제적으로 힘들었습니다. 열심히 살았고 앞만 보고 열심히 일만 해왔습니다. 외삼촌 집에서 일하면서 다른 곳에 한눈 한 번 팔지 않았습니다. 하루하루 오직 자신에게 주어진 일에만 매진하며 살아왔습니다. 그러나 남은 것이 없습니다. 자신의 가족이 머물 집도, 생활할 돈도 없습니다. 열심히 일했으나 자신과 가족들이 살아가기 위한 경제적인 기반이 아무것도 없습니다. 이것이 야곱의 큰 고민이었습니다.

    다섯째, 불확실한 미래 때문에 힘들었습니다. 미래가 보이지 않습니다. 밧단아람에서는 희망도 소망도 보이지 않습니다. 그래서 미래에 대한 불안감이 야곱을 무척 힘들게 했습니다.

    아마 이렇게 힘들고 어려운 상황에 처하면 보통 사람 같으면 흔히들 자신의 신세 한탄만 하고 자포자기 했을 것입니다. "어이구! 내 신세야, 어쩌다 내 인생이 이리 되었는가? 고향에도 가지 못하고 내가 타향에서 죽게 생겼구나!" 하며 낙심하고 절망했을 것입니다. 그리고 상대방을 원망하고 불평했을 것입니다. "어떻게 외삼촌이자 장인어른이 사위요 조카인 나에게 이럴 수가 있는가? 어려운 상황에서 도와주지는 못할망정 오히려 사위와 조카를 속이고 이용하려 들다니." 그리고 그 원망은 하나님께로 이어졌을 것입니다. "하나님! 하나님께서는 어찌 이러한 어려움 가운데서도 건져주지 않으십니까? 십수 년을 하루 같이 열심히 살았는데 하나님 어찌 이러신단 말입니까?" 하고 말입니다. 그러면서 모든 것을 포기하고 현실도피를 했을 것입니다.

2. 야곱의 성실성

그런데 여러분! 야곱은 어떻게 했습니까? 좌절하고 절망하지 않습니다. 원망도, 불평도 하지 않습니다. 포기하거나 현실을 피하지도 않습니다. 현실을 받아들이고 그것에 직면하면서 하루하루 성실하게 자신에게 주어진 일을 열정적으로 감당합니다. 스스로에게 후회하는 인생이 되지 않도록 최선을 다해서 자신의 인생을 가꾸어 갑니다. 외삼촌 라반이 인정할 만큼 흠 잡을 데가 없을 정도로 봉사의 일을 감당하는 모습을 볼 수 있습니다. 외삼촌 라반이 자신을 속이고 이용하려 한 것을 알았음에도 불구하고, 순응하며 자신에게 맡겨진 일에 최선을 다했습니다. 야곱은 범사에 성실함으로 모든 것을 감당했습니다. 누가 보든 안 보든 간에 매사에 성실했습니다.

사랑하는 성도 여러분! 우리는 이러한 야곱을 보면서 하나님의 사람이 어떻게 살아야 하는지 그 삶의 방향성을 발견할 수 있습니다. 우리가 영적인 발돋움을 하기 위해서 어떻게 해야 하는지를 알 수 있습니다. 하나님의 사람으로서의 성실함, 즉 영적 성실이 얼마나 중요한가를 다시금 깨닫게 됩니다.

연세대학교 철학과 명예교수로서 한국 철학의 아버지라고 불리는 김형석 교수님이 계십니다. 현재 연세가 구십구 세이십니다. 교수님은 십사세 때에 심한 경기(驚氣)를 앓으면서 하나님의 신유를 체험하게 되었습니다. 그때부터 인간에게는 자신의 힘으로는 극복하기 어려운 한계가 있음을 깨닫게 됩니다. 따라서 한계를 지닌 인간은 하나님이 베푸시는 은혜가 아니면 살아갈 수 없는 연약한 존재임을 철저히 인식하게 됩니다. 교수님은 그때부터 한 가지 비전이 생겼습니다. 내 평생 예수님을 본받는 삶을 살아야겠다는 것입니다.

그런데 교수님은 이 예수님을 본받는 삶은 그리스도의 인격을 내 안에 소유하는 것인데, 이 인격이란 두 가지가 있다고 합니다. 자기 자신에게 있어서는 성실함인데, 예수님이 자신의 삶의 영역에서 성실하게 사셨던 것처럼 성실하게 살아가는 것이라는 것입니다. 예수님은 수많은 고난과 고통 속에서도, 십자가를 지는 과정 속에서도, 부활하셔서도, 아니 승천하셔서 보좌우편에 앉아계시는 가운데서도, 성실하게 중보기도 하시는 예수님의 모습은 자기에게 맡겨진 사역에 있어서 성실함으로 감당하셨던 것을 깨닫게 됩니다.

이에 교수님도 예수님의 이 성실성을 따라, 그 성실함을 자신의 몸에 익혔다는 것입니다. 학문을 할 때도, 가르치는 교수사역을 할 때도, 책을 집필할 때도, 운동을 할 때도 성실하게 하셨기에, 고령의 연세임에도 불구하고 지금도 왕성히 수영과 정구를 하시면서 건강을 유지하신다고 합니다.

또 하나는 타인을 위해서 사랑을 베푸는 것이 인격이라고 강조하십니다. 예수님은 자신이 이 땅에 온 것은 율법을 폐하러 온 것이 아니라 율법을 완성하고자 함이라 하셨으며, 그 율법의 완성이 바로 하나님을 사랑하는 것과 이웃을 사랑하는 것이라고 하셨습니다. 그렇습니다. 이웃 사랑은 바로 율법의 완성이 되는 것입니다. 우리는 야곱처럼, 예수님처럼, 김형석 교수님처럼 하나님 앞에 이러한 성실함을 가져야 할 것입니다. 그리고 성실에 관한 의미심장한 다음의 격언을 마음에 새겨 보시기 바랍니다.

"인생은 흘러가는 것이 아니고 성실로써 이루어져 가는 것이어야 한다"(John Ruskin). "나는 성실함이 모든 영웅의 특징이라고 생각한다. 깊고 위대한 성실을 가지라! 당신도 영웅이 될 수 있다"(Thomas Carlyle).

적용

우리는 하나님의 사람으로서 자기 자신에게 맡겨진 일들에 대해 이 모든 것은 하나님이 주셨다는 소명의식을 가지고 성실함으로 임해야 할 것입니다. 가정생활에서나 부부관계, 자녀들과의 관계에서 성실함으로 임해야 합니다. 교회에서 예배를 드리거나 사역을 할 때에도 우리는 성실함을 잊지 말아야 합니다. 직장이나 사업의 현장에서도 우리는 성실함으로 그 일을 최선을 다해 완수해야 합니다.

야곱이 외삼촌 라반의 불합리하고 이치에 맞지 않은 것 같은 일방적인 제안에도 그것을 마다하지 않고 성실하게 감당할 수 있었던 것은 무엇 때문입니까? 그것은 첫째, 야곱은 하나님의 언약의 말씀을 붙잡고 살았기 때문입니다. 야곱은 벧엘에서 너무나 강렬하게 하나님을 경험했습니다. 하나님의 영광스러운 세계를 보았습니다. 무엇보다 하나님이 야곱에게 주신 약속의 말씀은 평생을 두고 야곱을 움직이는 표지가 되었습니다. 그는 타향살이 하는 동안 힘들고 지치고 외로울 때마다 하나님이 자신에게 주신 약속의 말씀을 되뇌었습니다. 그리고 비록 눈에 보이는 현실은 암담하고 앞이 보이지 않은 것 같았으나 그 말씀을 붙잡고 다시금 힘을 내어 일어섰습니다. 그리고 자신이 하루하루 해나가야 할 일들을 성실히 감당했습니다. 하나님의 약속의 말씀을 붙드는 자는 자연히 성실하게 삶을 살 수밖에 없습니다. 하나님이 주신 약속의 말씀은 사람을 소망의 사람이 되게 합니다. 그리고 하나님께 영원한 소망을 둔 자는 현실에 만족하며 맡은 자리에서 최선을 다할 수밖에 없습니다.

사랑하는 성도 여러분! 우리가 어떠한 일을 하려 할 때 어떤 보상만을 바라고 한다면, 우리는 그 보상의 노예가 되고 말 것입니다. 또한 의무감에 사로잡혀 일을 하면 즐거운 마음으로 하기 어려울 것입니다. 일을 하면서도 행복하지가 않습니다. 행복하지 않으면 재미가 없습니다. 재미가 없으면 일에 금방 싫증을 느끼고 그 일이 하기 싫어집니다. 그래서 요령만 늘어납니다.

사랑하는 성도 여러분! 우리가 어떤 일을 함에 있어서 하나님의 약속의 말씀을 붙잡음으로 신전의식을 가지고 일과 사역을 감당하는 신실한 하나님의 사람들이 되어야 합니다.

둘째, 사랑하는 마음으로 일을 했기 때문입니다. 야곱은 라헬을 진심으로 사랑했습니다. 감정적이고 순간적이고 찰나적인 사랑이 아닌, 진심을 담아 전인격적으로 사랑했습니다. 그 사랑의 힘은 참으로 놀라웠습니다. 라헬을 얻은 후에 십사 년이라는 긴 시간 동안을 라반에게 봉사했음에도 그 시간을 단 수일 같이 여기며 했다고 성경은 기록하고 있습니다. 사랑하는 마음을 가지면 성실하게 일과 사역을 감당할 수 있습니다. 사랑이 강력한 능력입니다.

사랑하는 성도 여러분! 하나님의 사랑으로 우리의 자신을 사랑해 보십시오. 일을 하는 마음의 자세가 달라질 것입니다. 사랑할 때 에너지가 힘있게 분출합니다. 뿐만 아니라 하나님의 사랑으로 가족들을 사랑해 보십시오. 그 사랑하는 가족을 위해서 무엇인들 못하겠습니까? 가정에서의 사역이 성실함으로 이어질 것입니다. 더 나아가 교회 사역을 할 때도 의무감에서 하면 시험이 옵니다. 그러나 사랑하는 마음을 가지면 그 일이 즐거워지고, 그렇게 되면 사역에 성실함으로 나타날 것입니다. 마찬가지로 여러분이 현재 몸담고 있는 직장과 사업장을 사랑하십시오. 그곳에 여러분의 성실함이 드러날 것입니다.

셋째, 축복의 통로자로서 일을 했기 때문입니다. 야곱이 오랜 세월을 라반의 집에서 봉사한 결과 라반의 집에도 복을 받게 했습니다. 우리는 창세기 30장 30절에서 "내가 오기 전에는 외삼촌의 소유가 적더니 번성하여 떼를 이루었으니 내 발이 이르는 곳마다 여호와께서 외삼촌에게 복을 주셨나이다…"라고 야곱이 라반을 향하여 말하는 것을 볼 수 있습니다. 야곱은 라반의 가정에 축복의 통로가 되었습니다.

　사랑하는 성도 여러분! 하나님께서는 우리로 하여금 삶의 모든 영역에서 축복의 통로가 되기를 원하십니다. 작게는 우리의 가정과 교회에, 그리고 더 나아가서는 이 나라와 민족, 세계 열방에 이르기까지 축복의 통로가 되는 삶을 살기를 원하십니다. 마치 라반의 집의 야곱처럼 말입니다.

　그러나 축복의 통로는 그저 우연히 되는 것이 아닙니다. 성실한 자에게만이 축복의 통로가 되는 자격이 주어집니다. 하나님은 야곱처럼 자신의 약속의 말씀을 의지하고 성실하게 자신에게 주어진 일에 최선을 다하는 자에게 축복의 통로로서의 역할을 감당할 수 있는 은혜를 주십니다.

　사랑하는 성도 여러분! 야곱이 자신에게 맡겨진 일을 성실하게 감당함으로써 받은 축복이 무엇입니까? 창세기 30장 43절입니다. "이에 그 사람이 매우 번창하여 양 떼와 노비와 낙타와 나귀가 많았더라." 하나님이 저와 여러분의 삶에 복을 주셔서 이러한 복이 저와 여러분들에게도 넘치기를 바랍니다.

영적 발돋움

10

영적 순종

창세기 31:1-16

영적 발돋움 10
영적 순종
창세기 31:1-16

들어가는 말

오늘은 계속해서 영적 발돋움 열 번째로 영적 순종에 대해 은혜를 나누고자 합니다. 하나님의 사람 야곱은 밧단아람 하란 땅에서 이십 년의 세월을 보냈습니다. 야곱은 이 기간 동안 누구보다도 열심히 성실하게 최선을 다하며 살았습니다. 그 결과 외삼촌 라반의 집에 많은 유익을 가져다주는 축복의 통로가 되었습니다. 야곱이 처음 외삼촌 집에 왔을 당시만 해도 외삼촌의 소유가 매우 적었으나, 야곱이 온 이후 외삼촌의 집을 위해 열심히 일하면서 봉사한 결과 외삼촌은 어느새 거부가 되었습니다.

반면 야곱은 자신의 이익만을 위해 속임수와 거짓으로 일관하면서 자신을 이용하려고만 드는 외삼촌으로 인해 커다란 충격과 고통을 받습니다. 그럼에도 불구하고 야곱은 현실을 받아들이고 순응하면서 끝까지 참고, 견디고, 인내하며 자신에게 맡겨진 일들을 충실히 감당해 갑니다.

이렇게 외삼촌을 위해 봉사하며 열심히 일을 해온 야곱은 이제 외삼촌 라반과 계약을 맺습니다. 야곱의 소유가 될 양은 얼룩얼룩한 것과 아롱진 점박이라는 것입니다. 이런 종류의 양이 태어나면 그것은 모두 야곱의 것이 된다는 계약조건이었습니다. 그런데 놀라운 것은 하나님께서 야곱에게 축복을 하시는데, 양이 새끼를 낳기만 하면 다 얼룩얼룩한 점이 있고 아롱진 것이었습니다. 계약에 따라 이 모든 것이 야곱의 것이 되었으므로 야곱은 번창한 거부가 되었습니다.

저는 본문 말씀을 묵상하면서 이런 생각을 했습니다. 우리 교회 성도들의 가정과 사업장마다 야곱이 받았던 복을 받았으면 좋겠다는 생각입니다. 여러분 모두 하나님께서 축복하셔서 하는 일마다 잘 되고 번창하는 복을 받으시길 바랍니다. 그렇게 될 줄로 믿습니다.

그런데 호사다마(好事多魔)라고 했던가요? 야곱이 하는 일마다 잘 되는 복을 받게 되자, 이를 지켜보던 라반의 아들이 시기와 질투심에 눈이 어두워진 나머지 야곱을 비난하면서 거짓된 폭언을 쏟아 붓기 시작합니다. 그가 자신의 아버지의 소유를 다 빼앗고 아버지의 소유로 말미암아서 이 모든 재산을 모았다는 것입니다. 결국 야곱이 자신의 아버지의 재산을 다 가로채 가져갔다는 것입니다.

야곱은 억울했습니다. 자신이 가진 소유는 라반의 것을 불법적으로, 혹은 자신의 양심을 속여 가며 빼앗거나 훔친 것이 아니기 때문입니다. 엄연한 계약조건에 따라 정당한 절차에 따라 자신의 소유가 된 것입니다. 결과적으로는 이 모든 것은 하나님께서 역사하신 것이고 축복으로 주신 것입니다.

더욱이 야곱이 더 억울했던 것은 계약 당사자인 외삼촌 라반의 안색이 전과 같지 않았던 것입니다. 마치 자신의 재산을 야곱의 꾀에 속아 빼앗겼다는 듯 분노의 낯빛을 띠었습니다. 이때 야곱의 마음도 편치 않아, 마치 자신이 죄인이라도 된 양 좌불안석(坐不安席)이었을 것입니다. 재산을 많이 소유하게 된 기쁨도 잠시, 당시의 상황은 야곱으로서도 어떻게 대처해야 할지 모르는 매우 힘들고 어려운 상황이 되었습니다.

이러한 상황이 바로 우리가 살아가는 세상의 모습입니다. 끊임없이 오해하고 소설을 쓰고 각색을 합니다. 시기와 질투가 난무합니다. 그리고 자신의 마음에 맞지 아니하면 쉽게 분노합니다. 자신의 경쟁 상대에게 온갖 말을 다 만들어서 모함하고 비난합니다. 따라서 세상을 살다보면 이유 없이 억울한 말을 듣고, 억울한 일을 당할 때가 많습니다. 이 순간에 우리는 야곱을 생각하면서 잘 대처해야 할 것입니다.

1. 야곱의 순종과 인격의 성숙함

야곱은 자신을 부당하게 대우하는 외삼촌의 가족으로 인해 억울해 하고, 분노할 수 있는 상황임에도 불구하고 묵묵히 말없이 견디고 인내합니다. 인내하면서 담담히 하나님을 바라보면서 이겨나갑니다. 그러자 하나님은 야곱의 곤고하고 답답한 처지를 아시고 이렇게 말씀하십니다. "야곱에게 이르시되 네 조상의 땅, 네 족속에게로 돌아가라."(창 31:3) 곧 자신이 떠나왔던 고향 땅으로 다시 돌아갈 것을 독려하십니다. 자신이 어려움에 처했을 때 하나님으로부터 고향 땅으로 돌아가라는 명을 받은 야곱의 마음은 어떠했을까요? 여러 가지 생각으로 만감이 교차했을 것입니다. 그리고 고향을 떠나 지금까지 살아온 세월들이 주마등처럼 스쳐지나 갔을 것입니다.

그가 이곳에 온 후 지난 세월 동안 많은 변화가 있었습니다. 네 명의 아내와 열두 명의 자녀로 이루어진 다복한 가정도 이루었습니다. 게다가 재산도 남부럽지 않을 만큼 소유하여 거부가 되었습니다. 결국 하나님이 부어주신 축복으로 말미암아 이제는 부족함이 없는 삶을 살아갈 수 있게 되었습니다. 그러므로 그도 이러한 안정된 기반을 가지고 서러운 타향살이 동안 한시도 잊지 못했던 고향 땅으로 당장이라도 돌아가고 싶은 심정이었을 것입니다. 하지만 현실적으로 고향으로 돌아갈 만한 상황이 되지 못했습니다. 이제 나이 먹어 이 많은 가족과 자신의 소유물인 많은 가축 떼를 데리고 머나먼 고향 땅으로 간다는 것도 만만한 일이 아니었습니다. 더욱이 고향 땅을 가는 데 있어서 무엇보다 야곱은 고향 땅에서 자신에게 복수의 칼날을 갈고 있을 형 에서가 가장 마음에 걸립니다. 형의 약점을 이용하여 장자권을 차지한 죄로 인해 아버지가 계신 곳으로 가고 싶어도 갈 수 없는 상황이 그의 인생길을 가로막고 있었습니다.

사랑하는 성도 여러분! 여러분이 만약 야곱의 입장이었다면 어떤 결정을 하시겠습니까? 그냥 그곳에 주저앉으시겠습니까? 아니면 고향으로 떠나시겠습니까? 야곱은 현실적으로는 고향 땅으로 떠난다는 것이 매우 어려운 상황임에도 불구하고 하나님의 말씀이었기에, 그 말씀에 순종해 모든 위험을 감수하고 떠나기로 마음먹습니다. 자신이 힘들고 어려울 때마다 도와주시고 인도해 주셔서 오늘날과 같은 복을 주신 하나님을 전폭적으로 신뢰하는 마음으로 야곱은 그 하나님의 말씀에 온전히 순종하기로 결단합니다.

그런데 야곱은 자기 혼자가 아닙니다. 사랑하는 가족이 있습니다. 그러므로 이런 중요한 일을 혼자만의 결단으로 밀어붙일 수는 없습니다. 이에 야곱은 두 아내 라헬과 레아를 불러 지금까지 외삼촌 라반을 위해 애쓰며 봉사해온 지난 세월과, 그럼에도 불구하고 자신을 속이고 이용만한 외삼촌에 대한 서운한 감정을 토로합니다. 하지만 이 모든 것을 복으로 바꾸어 주신 하나님의 인도하심과 지난 이십 년 동안 하나님께서 자신을 어떻게 축복해 주셨는가를 구체적으로 또한 사실적으로 설명하면서, 그 하나님이 자신이 나고 자란 고향으로 가라고 명령하였음을 소상히 밝힙니다(창 31:4-13).

야곱의 말에 라헬과 레아가 이렇게 답합니다. "우리가 우리 아버지 집에서 무슨 분깃이나 유산이 있으리요"(14절). 아내들이 야곱에게 동조합니다. 협력자가 되고 위로자가 됩니다. 동역자가 됩니다. 아니 그보다 이들도 하나님의 말씀에 순종하는 자들이 됩니다.

여기서 깊이 생각해야 할 것이 몇 가지 있습니다. 먼저 야곱은 자신 스스로 할 수 없는 상황에서도 하나님의 말씀에 순종했다는 것입니다. 그리고 이와 더불어서 야곱은 자신이 순종하고 결단한 사안을 남편으로서 일방적으로 강요하지 않고 아내들에게 진심을 담아 전후좌우 자초지정을 자세하게 이야기하면서, 아내들에게 동의를 구하며 존중하는 모습을 볼 수 있습니다. 아내들을 인격적으로 대했습니다. 이 점에서 야곱의 인간적인 성숙함을 엿볼 수 있습니다. 이에 온 가족이 하나가 됩니다. 야곱과 온 가족들이 모두 하나님의 말씀에 순종함으로 영적 발돋움을 이룰 수 있었습니다.

2. 말씀 앞에 순종하자!

사랑하는 성도 여러분! 최근에 하나님께서 여러분의 영적인 변화와 성숙을 위해 반복적으로 말씀하신 것이 있습니까? 여러분의 삶의 변화와 진보를 더하기 위해서 주신 말씀들이 있습니까? 타성에 젖고 습관에 젖어 있는 나에게 뭔가 변화를 바라시는 하나님께서 지속적으로 하시는 말씀들이 있습니까? 그렇다면 여러분은 하나님이 주신 말씀들 앞에 어떠한 반응을 보이십니까?

말씀 앞에 사람들의 반응은 보통 세 가지로 나타나는 것을 보게 됩니다. 첫째, 하나님의 말씀이 임할 때, 말씀에 민감하게 반응하지 못하는 부류입니다. 말씀에 대해 별로 대수롭지 않게 생각하고 반응하는 것입니다. 자신에게 하나님의 말씀이 임하여도 단지 시간이 지나면 그만이라 생각하고 자신이 살아왔던 기존의 방식을 그대로 답습하는 것입니다. 하나님이 하신 말씀은 잘 알지만 그것을 따를 만큼 하나님의 말씀에 민감하게 반응하지 못합니다.

이스라엘 초대 왕이었던 사울 왕이 이러한 부류의 사람이었습니다. 하나님의 말씀이 임하여도 별거 아니라고 무시해 버립니다. 그리고 자신이 이전에 하던 대로 행합니다. 이것은 교만함에서 나오는 결과입니다.

둘째, 부정하고 거부하는 부류입니다. 말씀에 불순종합니다. 이러한 부류의 사람들은 하나님의 말씀이 내 뜻과 내 생각에 부합되지 않으면 그 말씀을 거부하며 불순종합니다. 그리고 자신이 옳다고 생각한 대로 행동하고 하나님의 뜻보다는 자신의 뜻과 생각을 관철하려 합니다. 그러한 부류의 대표적인 성경 인물로 요나를 들 수 있습니다. 요나는 니느웨로 가서 회개를 촉구하는 하나님의 메시지를 전하라는 말씀에 대해 그 말씀에 불순종하고 하나님의 얼굴을 피해 도망을 갑니다. 요나로서는 니느웨는 이스라엘을 괴롭히던 앗수르의 수도로서, 멸망해야 할 도시인데, 이 도시를 향해 회개하게 함으로 하나님의 긍휼하심을 베푸시려고 하니 못마땅한 것입니다. 요나는 자신에게 이러한 요구를 한 하나님을 이해할 수 없었습니다. 자신의 생각과 뜻에 합당하지 않다고 생각했기 때문에 요나는 하나님의 말씀을 거절하고 자신의 생각대로 하고자 합니다.

셋째, 하나님께서 말씀하시면 그 말씀이 어떠한 말씀이든지 간에 그대로 따르며 순종하는 부류입니다. 아브라함은 칠십오 년 동안 갈대아 우르 땅에서 살았습니다. 그곳에서 그는 부족함 없이 안정된 생활을 하고 있었습니다. 그런대로 자기 생활에 만족하던 그에게 어느 날 하나님께서 청천벽력 같은 말씀을 하십니다. 부모와 일가친척이 다 있는 고향 집을 떠나 하나님이 지시하는 곳으로 가라고 명령하십니다. 그러나 아브라함은 "왜 그렇게 해야 합니까?"라고 되묻거나 "안 됩니다" 하고 말씀에 불순종하지 않았습니다. 두말하지 않고 하나님의 말씀을 따라 조카 롯을 데리고 정든 고향을 떠나 하나님이 지시한 곳으로 가는 모습을 볼 수 있습니다. 이때 그의 나이가 칠십오 세였습니다.

그의 손자인 야곱은 어떻습니까? 하나님께서 외삼촌의 집을 떠나 고향 땅으로 갈 것을 명하자, 그 말씀에 순종함으로 자신이 앞으로 겪어야 할 모든 어려움을 감수하고 그 많은 가족과 자신이 소유하게 된 많은 가축 떼를 끌고 고향 땅으로 향해 가는 모습을 볼 수 있습니다.

사랑하는 성도 여러분! 여러분은 이 세 부류의 사람들 중에 어떤 부류에 속한 사람이 되길 원하십니까? 하나님을 사랑하고 하나님의 뜻대로 살겠다고 고백하는 참 그리스도인이라면 당연히 세 번째 부류, 즉, 하나님이 우리에게 말씀하실 때 이유여하를 막론하고 순종하는 자가 되어야 할 것입니다. 아브라함과 야곱이 그랬던 것처럼 하나님이 말씀하실 때에 순종하는 우리가 되어야 할 것입니다. 특별히 야곱은 순종의 모습으로 영적인 발돋움을 거듭하는 아름다운 모습을 보여주고 있습니다. 여러분도 믿음의 선진들처럼 순종함을 통해 더욱 힘찬 영적 발돋움으로 전진할 수 있기를 바랍니다.

적용

우리가 하나님 말씀에 순종해야 하는 이유는 무엇입니까? 그것은 첫째, 우리는 하나님의 사람이기 때문입니다. 야곱은 항상 자신이 어디에서 무엇을 하든지 간에 나는 하나님의 사람이라는 확신과 믿음이 있었습니다. 브엘세바 땅에 있을 때는 아버지 이삭을 통해서 확신을 가졌습니다. 그러나 벧엘에서 하나님을 친히 만나고 경험하고 난 이후에는 그 하나님을 자신의 하나님으로 확신하고 믿었습니다. 그는 하나님의 사람은 언제나 하나님의 말씀에 따라 살고 죽어야 한다는 것도 알았습니다.

사랑하는 성도 여러분! 우리는 하나님의 말씀에 순종하는 사람으로 살아야 합니다. 그리고 앞으로도 계속 하나님의 사람으로 살아가야 할 것입니다. 하나님의 사람은 야곱처럼 언제나 주의 말씀 앞에 순종함으로 하나님의 뜻을 몸소 증거 하는 증인된 삶을 살아야 합니다.

둘째, 하나님이 나와 함께하시고 보호하시고 인도하시기 때문입니다. 하나님은 야곱의 인생과 언제나 함께하셨습니다. 그의 인생을 보호하시고 항상 좋은 곳으로 인도하셨습니다. 자신이 섬기는 하나님은 은혜로우신 분임을 알고 신뢰했기에 야곱은 그 하나님께 순종할 수밖에 없었습니다. 하나님은 언제 어느 때든지 나와 함께하시고 고난 속에서도 붙들어 주시며 종국적으로는 축복으로 채워주신다는 확신과 믿음이 야곱으로 하여금 하나님께 전폭적으로 순종할 수 있게 한 토대가 되었습니다.

사랑하는 성도 여러분! 우리의 삶도 마찬가지입니다. 하나님은 언제나 우리와 함께하시고 보호하시고 인도하시는 줄로 믿습니다. 그러한 믿음이 우리를 그 말씀 앞에 순종하게 하는 것입니다.

셋째, 하나님께서 축복하시기 때문입니다. 하나님은 자신의 인도하심과 섭리하심 앞에 순종한 야곱을 축복해 주셨습니다. 야곱은 이것을 확실히 깨달았습니다. 라반은 자신을 항상 속이고 이용하려고만 했지만, 반대로 하나님은 항상 축복해 주신다는 것을 알았습니다. 하나님의 말씀을 따라 가면 하나님께서 반드시 축복하실 것을 믿었습니다.

사랑하는 성도 여러분! 하나님의 말씀 앞에 순종의 삶을 살게 되면 하나님은 반드시 여러분을 축복해 주실 것입니다. 영적인 것은 물론이거니와 건강과 범사에 형통의 복을 주실 것입니다. 순종하는 자에게는 하나님의 축복이 반드시 뒤따릅니다.

그렇다면 우리가 순종의 삶을 살기 위해서 어떻게 해야 합니까? 첫째, 하나님의 말씀을 매일 묵상하고 그 말씀을 절대 신뢰하고 믿어야 합니다. 나를 살리고, 가정을 살리며, 공동체를 살리는 말씀으로 믿고 전적으로 신뢰해야 합니다. 둘째, 말씀에 우선순위를 두어야 합니다. 세상을 살다보면 다급하고 중요하다고 생각되는 일이 많지만, 그 모든 것은 뒤로 하고 하나님의 말씀을 삶의 최우선으로 두어야 합니다. 말씀이 우리 인생의 길잡이이고 나침반이라는 것을 절대 잊어서는 안 됩니다. 셋째, 하나님 앞에 의지적인 결단을 해야 합니다. 하나님 앞에 순종은 큰 기적을 불러옵니다. 말씀에 순종하고 그대로 행하였더니, 홍해가 마른 땅 같이 열렸고, 요단 강도 갈라졌고, 여리고 성이 무너지는 기적이 일어나게 되었습니다. 따라서 하나님이 말씀하시면 무조건 순종하여 따라야 합니다. 여러분 모두 하나님의 생명의 말씀에 절대 순종함으로 말씀을 지키는 자에게 약속하신 복을 풍성히 받으며 행복한 인생을 사시기를 축원합니다.

영적 발돋움

11

영적 기도

창 세 기 3 2 : 1 - 1 2

영적 발돋움 11

영적 기도

창세기 32:1-12

들어가는 말

인생은 고난의 연속이라는 말이 있듯이 우리가 인생을 살아가면서 겪는 어려움은 이루 헤아릴 수 없이 많습니다. 그래서 때로는 깊은 고민과 절망 속에 빠질 때가 있습니다. 특별히 하나님의 말씀에 순종하며, 그 뜻대로 살고자 노력했음에도 불구하고 하는 일이 잘 안 되고 어려움에 직면할 때가 있습니다. 비교적 경건하고 진실하게 살아감에도 불구하고 일이 자꾸만 꼬입니다. 이러할 때 회의와 갈등이 생기게 됩니다. 이러한 경우에 하나님의 사람들은 과연 어떤 자세를 취해야 할까요? 이는 아주 중요한 문제입니다. 이런 경우 우리는 야곱처럼 기도해야 합니다. 이제 야곱의 인생을 통해 귀한 영적 교훈을 얻고자 합니다.

야곱은 하나님의 말씀에 순종하여 이십 년 동안 자신이 살았던 밧단아람을 떠나게 됩니다.

자신의 모든 가족과 자신의 모든 가축 떼와 함께, 외삼촌 라반의 눈을 피해서 몰래 떠납니다. 당시 그들은 이렇게 생각했을 것입니다. 하나님의 말씀에 따라 순종하여 떠나는 길이기에 하나님께서 함께하시고 도와주심으로 평안하고 순탄한 여정으로 아버지가 계시는 고향 땅에 쉽게 이르게 될 것이라고 말입니다.

그러나 실상은 전혀 그렇지 않았습니다. 길을 떠나는 순간부터 문제에 직면합니다. 외삼촌 라반이 뒤늦게 야곱이 모든 가족과 가축 떼를 데리고 자신을 떠나 고향 집으로 향한 것으로 알고, 자기의 식솔들을 데리고 추격해 옵니다. 야곱이 길을 떠난 지 칠일 만에 길르앗 산에서 외삼촌 라반과 대면하게 되었습니다. 피차가 난감하고 어색한 만남입니다. 야곱은 라반에게 할 말을 다합니다. 지난 이십 년 동안 자신이 외삼촌의 집에 거하면서 몸과 마음으로 겪었던 솔직한 소회를 밝히기 시작합니다. 자신은 외삼촌의 집을 위해 열과 성을 다해 봉사하며 일을 해왔으나, 외삼촌은 자기를 속이고 이용만 하려 했으며, 나중에는 자신이 외삼촌의 재산을 빼앗은 자로 취급하며 자신을 억울하게 했다고 말입니다. 그러나 그럼에도 불구하고 이 모든 것을 견디고 이겨낼 수 있었던 것은 하나님께서 자신과 함께하셨기 때문이라고 말하고 있습니다.

이때 외삼촌 라반도 야곱을 만나기에 앞서, 지난밤에 자신에게 찾아오신 하나님을 경험했습니다. 하나님의 뜻을 확인한 라반은 야곱을 순순히 고향으로 보내주기로 합니다. 결국 두 사람, 즉, 두 집안은 서로가 돌기둥을 세우며 언약을 맺습니다. 서로가 서로를 축복하면서 헤어지게 되었습니다. 현실의 삶에 직접 개입하셔서 문제를 해결해 주시는 하나님의 역사는 실로 놀라운 것입니다. 외삼촌과 야곱, 이 두 집안이 결국은 화해하며 서로 좋은 마음으로 헤어지게 하시는 하나님의 은혜의 손길을 볼 수 있습니다. 하나님이 함께하시는 곳에는 분쟁과 다툼이 아닌, 언제나 사랑과 화목과 화평이 임하는 것입니다.

1. 하나님의 군대

하나님의 은혜로 말미암아 라반과 극적인 화해를 이룬 야곱과 그의 가족들은 이제는 도망자가 아니라, 정정당당하게 고향으로 돌아가는 여행자가 되어 길을 떠납니다. 그동안 외삼촌의 집에서 이십 년 동안 마음에 쌓였던 서러움과 억울함, 그리고 상처를 드러내놓고 외삼촌 라반에게 이야기하는 가운데 어느 정도 이러한 것들을 해소할 수 있었습니다. 무엇보다 라반이 이 모든 것을 이해해주는 가운데 서로 간에 화해를 할 수 있었으므로, 야곱은 이전보다는 훨씬 가벼운 몸과 마음으로 발걸음을 옮길 수 있었습니다. 야곱은 그동안 마음에 담았던 모든 무거운 짐들을 다 벗어버리고 이제는 고향으로 돌아간다는 기쁨과 설렘만을 안고 길을 떠나게 되었습니다.

한참을 걷는데 하나님의 사자들이 야곱에게 나타나 자신들이 하나님의 군대임을 밝힙니다.

그리고 야곱이 그 하나님의 군대를 만난 곳을 마하나임이라고 명명합니다. 그런데 고향으로 돌아가던 중에 왜 갑자기 하나님의 사자들이 나타났을까요? 고향 땅으로 돌아가는 일이 기쁘면서도 마음 한 구석에 항상 도사리고 있는 형 에서에 대한 두려움이 있었던 야곱에게 두려워하지 말고 놀라지도 말며 고향 땅으로 가던 길을 멈추지 않고 가면 하나님의 군대가 너를 안전하게 고향으로 인도할 것이라는 메시지를 던져주기 위해서입니다.

야곱은 자신을 호위하는 하나님의 군대를 경험하고 난 이후에 얼마나 기쁨과 감사가 흘러넘쳤는지 모릅니다. 하나님의 군대가 지켜준다고 생각하니 두려울 것이 없었습니다. 용기가 생겼습니다. 야곱은 그 하나님을 바라보고 의지하면서 고향으로 한발 한발 내디뎠습니다.

사랑하는 성도 여러분! 여러분은 언제 하나님의 군대를 경험하셨습니까? 하나님의 사자들은 오늘도 우리를 돕고 있습니다. 그 하나님의 군대는 야곱에게 뿐 아니라 저와 여러분에게도 언제나 함께하시고 도우시고 인도해 주신다는 사실을 믿으시기 바랍니다.

2. 하나님의 군대를 의지하지 못한 야곱

야곱은 마하나임에서 하나님의 군대를 경험하고 난 이후 용기 있게 형 에서의 마음을 누그러뜨리고 화해를 신청하기 위해 에서에게 자신의 종들을 보내어 지금까지 외삼촌 라반의 집에 거하였던 것을 에서에게 설명하게 하고 많은 가축 떼를 선물로 형 에서에게 드릴 테니, 은혜로 자신을 받아줄 것을 요청합니다.

그런데 종들이 야곱에게로 돌아와서 보고하기를 에서가 사백 명의 사람들을 거느리고 야곱을 만나기 위해 오고 있다는 것입니다. 야곱이 이 보고를 듣는 순간 깊은 충격에 빠집니다. 그리고 잠시 생각했습니다. '형은 이십 년 동안을 나에 대한 원한과 복수심에 불타고 있었구나. 이제 나와 내 가족들과 종들과 가축들을 어떻게 할 것인가? 하나님의 말씀에 순종하여 그토록 그리워하던 고향 땅을 밟았는데 여기서 형에게 죽을 것인가?' 생각할수록 가슴이 답답해 옵니다. 그리고 갑자기 두려움이 쓰나미처럼 엄습해 옵니다. 야곱은 이러다간 모두 죽을 수 있다는 생각에 이 모든 상황을 돌파해 보기 위해 꾀를 내어봅니다. 자신의 가족과 종들, 그리고 가축 떼를 두 떼로 나누게 합니다. 이렇게 함으로써 에서가 한 떼를 공격하면 다른 한 떼는 살 수 있는 방도를 구하는 것입니다.

사랑하는 성도 여러분! 우리는 여기서 야곱의 인간적인 면을 또다시 보게 됩니다. 아직까지 완전한 영적 발돋움에는 이르지 못한 것을 볼 수 있습니다. 야곱이 진정 완전한 영적 성숙을 이룬 자였다면, 에서가 자신을 향해 사백 명의 사람들을 이끌고 온다는 보고를 들었을 때, 두 떼로 나눌 것이 없습니다. 에서가 죽이자고 든다면 무리들을 두 떼로 나눈다고 해서 살아날 수 있는 상황은 아니었기 때문입니다. 에서의 사백 명은 광야생활에 익숙한 자들입니다. 그러나 야곱의 가족들은 광야생활에 초보자들입니다. 형의 전술을 당할 수가 없습니다.

그러면 어떻게 해야 합니까? 고향 땅에 들어오기 전, 마하나임에서 경험했던 하나님의 군대를 찾아야 합니다. 그 군대를 불러야 합니다. 그 하나님의 군대를 의지하면서 여유 만만한 가운데서 하나님의 역사하심의 때를 기다려야 하는 것입니다. 하나님의 군대를 통해 승리를 경험하는 기회로 삼아야 합니다. 그런데 야곱은 그렇게 하지 않았습니다. 위기의 순간에 자신의 생각이나 방법들을 찾아 헤매는 것을 보게 됩니다.

사랑하는 성도 여러분! 우리가 살아가는 이 인생 여정 길을 걷다보면 야곱이 자신의 인생 길에서 경험한 것과 유사한 어려움을 수없이 만나게 됩니다. 마치 야곱이 형 에서의 사백 명의 군사들과 만난 것처럼 말입니다. 내 힘과 지혜와 능력으로 도저히 감당할 수 없고 해결할 수 없는 수많은 장애물들을 만나게 됩니다. 이러한 것을 만나게 되면 우리도 역시 야곱처럼 가슴이 답답하고 막막해지면서 두려움과 공포에 휩싸이는 경험을 하게 됩니다. 그때 우리는 어떻게 해야 합니까? 자신의 생각이나 지혜나 능력이나 노하우를 따라서 움직일 것이냐, 아니면 하나님의 군대를 의지할 것이냐의 갈림길에서 우리는 현명한 선택을 해야 합니다. 이럴 때 우리가 어떤 선택을 하느냐에 따라 영적으로 한 단계 더 성장할 수도 있고, 그렇지 않을 수도 있습니다. 잘못하면 오히려 영적으로 더 침체될 수도 있습니다. 우리는 이런 경우 하나님을 더욱 의지하여 영적 발돋움을 향한 힘찬 발걸음을 내딛어야 합니다.

3. 야곱의 기도

하나님의 위대한 종 다윗은 인생의 고비고비마다 자신의 생명을 노리는 에서의 사백 명과 같은 대적들을 여러 번 만났습니다. 다윗은 그 대적들의 흉포함을 젊은 사자와 같다(시 17:12)고 표현했습니다. 그만큼 두렵고 무서운 존재라는 것입니다. 다윗은 시편 17편 13절에서 이렇게 부르짖습니다. "여호와여 일어나 그를 대항하여 넘어뜨리시고 주의 칼로 악인에게서 나의 영혼을 구원하소서." 자신을 대적해 넘어뜨리려는 자들로부터 구원해 달라는 것입니다.

사랑하는 성도 여러분! 우리가 살아가면서 에서의 사백 명과 같은 강한 군대의 위협을 만나게 될 때, 그들이 아무리 커 보이고 강해 보인다 할지라도 두려워하거나 떨지 마시기 바랍니다. 그들은 더 이상 두려움의 대상이 아닙니다. 우리에게는 그들보다 더 강하고 위대한 하나님의 군대가 우리와 항상 함께하기 때문입니다. 그러므로 그들을 바라보며 두려워하는 대신에 엘리사처럼 하나님이 보내주신 하나님의 군대(왕하 6:13-17)를 바라보며 그것에 집중하시기를 바랍니다.

야곱은 에서가 보냈다는 사백 명으로 인해 마음의 답답함과 두려움에 떨다가 자신의 가족과 가축 떼들이 몰살당할지도 모른다는 절박감에 안전장치로 자신의 가족들과 가축을 두 떼로 나누게 합니다. 그러나 그것이 두려움을 벗어나는 해결책이 될 수는 없었습니다. 바로 그때 야곱은 깨닫습니다. 이 문제의 해결책은 오직 하나님께 있다는 것을 말입니다.

야곱은 그 사실을 깨닫고서야 비로소 하나님께 기도하기 시작합니다. 야곱이 하나님께 기도할 때 어떤 내용으로 기도했습니까? 첫째, 야곱은 하나님에 대한 올바른 정의를 먼저 내립니다. 9절입니다. "내 조부의 아브라함의 하나님, 내 아버지 이삭의 하나님 여호와여" 즉, 하나님은 언약의 하나님이심을 고백하는 것입니다. 자신의 조상과 언약하셨던 하나님이 바로 나의 하나님이심을 분명히 하고 있습니다.

창세기 28장 13절 말씀을 보면, 벧엘에 나타나신 하나님께서는 야곱에게 자신을 이렇게 증거 하십니다. "또 본즉 여호와께서 그 위에 서서 이르시되 나는 여호와니 너의 조부 아브라함의 하나님이요 이삭의 하나님이라…." 그런데 야곱은 이십 년 만에 다시 하나님께 고백합니다. "하나님은 내 조부 아브라함의 하나님이시고, 이삭의 하나님이시며, 곧 나의 하나님이십니다." 야곱은 위기의 상황에서 먼저 하나님에 대한 올바른 신앙고백을 하고 있습니다.

둘째, 야곱은 하나님의 약속을 붙잡고 기도합니다. "야곱이 또 이르되 내 조부 아브라함의 하나님, 내 아버지 이삭의 하나님 여호와여 주께서 전에 내게 명하시기를 네 고향, 네 족속에게로 돌아가라 내가 네게 은혜를 베풀리라 하셨나이다"(9절). 하나님께서 약속하신 것을 이루어 주시기를 바라며 기도하고 있습니다. 하나님은 신실하시기에 하나님이 이루시리라 하신 약속의 말씀은 반드시 지키시는 분임을 고백하고 있습니다. 하나님께서 이미 말씀하신 대로 하나님이 자신에게 은혜를 베풀어 주시기를 간구합니다.

셋째, 야곱은 하나님의 은혜와 축복하심 앞에 겸손히 기도합니다. 자신은 하나님 앞에 아무것도 아님을 고백합니다. 그러므로 하나님의 은혜가 아니면 살아갈 수 없는 존재임을 하나님 앞에 솔직히 아룁니다. 그리고 야곱은 하나님이 베풀어 주신 모든 은총과 은혜에 감사했습니다. 야곱은 진정으로 마음을 담아 순수하고 겸손하게 기도했습니다.

넷째, 야곱은 자신이 현재 직면하고 있는 문제에 대해서 기도했습니다. 야곱이 현재 당하고 있는 문제는 형 에서로부터의 위협입니다. 그래서 죽을 것 같은 두려움과 공포가 야곱을 에워싸고 있습니다. 야곱은 이러한 상황에서 지금 자신의 형편과 처지를 숨김없이 사실적이고 구체적으로 기도합니다. 하나님 앞에 모든 것을 낱낱이 고하며 하나님의 도우심을 구하고 있습니다. 자신의 모든 것을 토로한 기도는 야곱을 두려움과 공포로부터 벗어나 마음의 평화와 담대함을 가져다주었습니다. 대적이 가져다주는 것은 두려움이지만, 하나님이 주시는 것은 마음의 화평이며 담대함입니다. 여기서 우리는 야곱이 에서의 사백 명으로 인한 영적 기도를 통해 영적 발돋움을 더해가는 모습을 보게 됩니다. 우리에게 다가오는 어려운 상황으로 인해 때로는 가슴이 답답하고 무섭고 어찌해야 할 바를 모를 때가 있습니다. 그러나 영적으로 보면 이때가 하나님의 은혜와 능력을 가장 깊이 경험할 때인 줄 믿으시기 바랍니다. 그러므로 하나님을 찾고 기도하십시오. 하나님께 항복하고 인생의 문제를 하나님께 모두 솔직하게 아뢰고 기도하는 자는 결코 망하지 않습니다. 하나님의 크신 은혜를 경험할 수 있기 때문입니다. 사랑하는 성도 여러분! 인생의 위기가 찾아옵니까. 그러면 기도하라는 신호인줄 아시고 하나님의 보좌 앞에 나아와 엎드리시기 바랍니다.

적용

사랑하는 성도 여러분! 오늘 여러분 가운데도 에서의 사백 명과 마주하고 있는 분이 계십니까? 이때 두려워 떨며 피하고 도망가지 마시고, 야곱의 기도의 모범을 따라 하나님께 기도하시기 바랍니다. 첫째, 하나님은 아브라함의 하나님이시고, 이삭의 하나님이시며, 야곱의 하나님이시며, 곧 나의 하나님이심을 고백해야 합니다. 둘째, 우리와 함께하시고 우리의 삶을 인도하시고 도우신다는 약속을 굳게 믿고 기도해야 합니다. 지금까지 살아온 나의 모든 삶은 다 아버지로부터 왔으며, 하나님의 은혜로 되어진 것임을 겸손히 고백하는 기도가 선행

되어야 합니다. 넷째, 본격적으로 우리의 두려움의 대상이 되는 에서의 사백 명의 문제를 앞에 놓고 기도해야 합니다. 여러분 우리는 절대 우리의 힘으로 인생을 순탄하게 살 수 없습니다. 하나님의 도우심과 은혜 없이는 단 한순간도 사탄과 세상의 유혹에 맞서 승리하며 살 수 없습니다.

이와 같이 위기의 순간에 문제 해결의 열쇠는 절대적으로 기도에 있음을 다시 한 번 깨달아, 우리가 살아가는 인생길에서 크고 작은 문제들을 만날 때, 다른 무엇보다 먼저 엎드려 하나님께 기도하시는 여러분들이 되시길 바랍니다.

"그가 내게 간구하리니 내가 그에게 응답하리라 그들이 환난 당할 때에 내가 그와 함께 하여 그를 건지고 영화롭게 하리라"(시 91:15).

"그러므로 내가 너희에게 말하노니 무엇이든지 기도하고 구하는 것은 받은 줄로 믿으라 그리하면 너희에게 그대로 되리라"(막 11:24).

"내가 또 너희에게 이르노니 구하라 그러면 너희에게 주실 것이요 찾으라 그러면 찾아낼 것이요 문을 두드리라 그러면 너희에게 열릴 것이니"(눅 11:9).

기도는 하나님의 은혜를 경험하는 확실한 방법임을 기억하고 실천하시기 바랍니다. 야곱 역시 기도를 통해 하나님을 친히 경험했습니다. 그 내용이 무엇입니까? 12절 말씀을 보십시오. 하나님으로부터 야곱은 "내가 반드시 네게 은혜를 베풀어 네 씨로 바다의 셀 수 없는 모래와 같이 많게 하리라 하셨나이다"는 확실한 음성을 들었습니다. 일촉즉발의 인생의 위기의 순간에 야곱은 영적 기도를 통해서 하나님의 음성을 듣고 마음의 평안함과 담대함으로 위기의 순간을 이겨낼 수 있었습니다. 이와 같이 하나님의 사람 야곱이 인생의 위기를 만났을 때 영적 기도를 통해 하나님의 큰 역사를 경험함으로 영적인 발돋움을 끊임없이 더해나간 것을 볼 수 있습니다.

사랑하는 성도 여러분! 이 험한 세상을 살아가는 동안 우리는 하나님의 은혜가 아니면 살아갈 수 없는 너무나도 연약하고 부족한 자들입니다. 그러나 이러한 은혜를 입고 살아가고 있음에도 불구하고 때때로 하나님의 존재를 망각하고 살 때가 많습니다. 곧 하나님이 군대가 우리를 돕기 위하여 우리를 에워싸고 있음에도 우리가 깨닫지 못하고 두려워할 때가 있습니다. 하나님은 항상 우리와 함께하십니다. 특별히 우리가 인생의 위기에 처할 때 더욱 가까이 하시며, 그 은혜 가운데로 더 가까이 나아오기를 원하십니다. 하나님께 가까이 가는 방법이 무엇입니까? 바로 영적인 대화인 기도입니다. 기도하십시오. 인생의 위기를 만났을 때에 두려워하고 떨 것이 아니라, 야곱처럼 하나님 앞에 나아와 기도할 때에 평안과 안식을 주시고, 우리를 그 위험으로부터 건지시는 하나님의 은혜를 체험하게 될 것입니다.

인생의 위기 앞에서 하나님 앞에 기도함으로 말미암아 인생의 모든 문제를 해결함 받고, 승리하시는 여러분 되시기를 바랍니다. 그럼으로써 영적인 발돋움이 한층 더 발전하기를 바랍니다.

영적 발돋움
12

영적 화해

창 세 기 33 : 1 - 12

영적 발돋움 12

영적 화해

창세기 33 : 1-12

들어가는 말

영적 성장에 대한 많은 책을 저술하여 베스트셀러 작가가 된 존 비비어(John Bevere) 목사님은 『관계』라는 책에서 이런 말을 했습니다. 그는 자신이 강의를 하기 위해 세계 여러 나라를 방문하게 되는데, 그럴 때마다 아주 강하게 느끼는 것은, 오늘날 사탄이 그리스도인들을 넘어뜨리기 위해 가장 치명적이고 간교한 덫 한 가지를 사용한다고 합니다. 그것은 사탄이 수많은 그리스도인을 결박하여 인간관계를 분열시키고 사람들 사이의 틈을 더욱 벌어지게 만들어서, 마음의 상처, 모욕, 상한 감정 등과 같은 것으로 실족하게 한다는 것입니다. 그러면서 그는 오늘날 많은 그리스도인들이 이 덫에 걸려 있다고 진단합니다.

문제는 많은 그리스도인들이 이 덫에 걸려 극심한 상처와 고통 때문에 자신의 소명을 잘 감당하지 못하고 있으며, 하나님께서 주신 귀한 잠재력을 발휘하지 못하는 어리석음을 범하고 있다고 합니다. 존 비비어는 계속해서 말하기를 남에게 상처를 주는 자도 죄를 짓는 것이지만 상처를 안고 살아가는 것도 죄를 짓는 것이라고 강조합니다. 그 이유는 하나님의 본질인 사랑과 용서를 실천하지 않고 있기 때문입니다.

우리는 하나님의 사람으로 살아가면서 인간관계를 통해 알게 모르게 서로 상대에게 상처를 주기도 하고 받기도 합니다. 하지만 사람들은 주로 자신이 상처를 준 것보다는 상처받은 것을 더 잘 기억하고, 그것을 가슴에 안고 아파하고 괴로워합니다. 그러나 받은 상처를 그대로 가슴에 안고 있으면 그 상처로 인한 아픔과 분노로 인해 마음이 굳어지게 되고, 그렇게 굳어진 마음으로는 상대와의 관계에 있어서도 정상적인 관계를 맺기가 어렵습니다.

이러한 마음의 상태가 지속되다보면 그것이 마음의 견고한 진이 되어, 신앙생활을 하는 데 있어서도 장애물이 되어 영적으로 침체하게 됩니다. 이러한 영적 침체는 자신을 파멸로 이끄는 지름길이 되어 자신도 모르게 잘못된 길로 나아가게 됩니다. 그러므로 우리는 영적으로 침체되지 않고 영적으로 건강한 신앙생활을 하기 위해서는 하나님은 물론이거니와 그 외에 나와 관계된 모든 사람들과의 관계에서 상처로 인한 굳은 마음을 버리고 정상적이고 좋은 관계를 맺기 위한 화해를 시도해야 합니다. 영적 발돋움을 더하기 위해서는 먼저 형제와 화해하는 것이 무엇보다 우선입니다.

1. 분노한 자에 대한 올바른 대처

일찍이 야곱이 형 에서에게서 장자권을 빼앗고, 아버지를 속여서 축복권까지 가져간 것으로 인해, 야곱과 에서는 오랜 기간 동안 정상적이지 못한 아주 불편한 관계를 유지했었습니다. 야곱은 자신의 욕망과 욕구를 채우기 위해서 수단과 방법을 가리지 않고 장자권과 축복권을 에서에게서 빼앗아 옵니다. 형제가 서로 사랑하고 우애하며 하나님 나라를 위해 서로 협력하고 하나님의 뜻을 실현하기 위해 노력해야 하는데 그렇게 하지 못했습니다. 동생 야곱에게 장자권과 그에 따르는 축복권을 빼앗긴 에서는 동생 야곱에 대한 배신감으로 인해 극도의 분노를 느낍니다. 에서는 이십 년의 긴 시간을 혈육인 야곱과 관계가 단절된 상태에서 분노를 가슴에 품고 비극적인 인생을 살아왔습니다.

분노는 분노를 품은 자신뿐만 아니라, 상대와의 관계도 단절시키는 무서운 것입니다. 하나님에 대하여 분노하게 되면 하나님과의 관계가 단절됩니다. 사랑하는 가족들에 대하여 분노하게 되면 가족들과의 관계 역시 단절됩니다. 마찬가지로 교우들과 지인들에게 분노를 품으면 그들과 정상적인 관계를 맺기 어려우며, 관계의 단절을 가져옵니다.

문제는 왜 분노하게 되는가 하는 것입니다. 심리학자들은 그 이유를 여섯 가지 원인으로 설명하고 있습니다. 즉, 상실감, 불안감, 위협, 두려움, 영적 미숙함, 그리고 인정욕구가 채워지지 않을 때 분노합니다. 내가 지금 분노하고 있다면 그 원인을 냉정히 생각해 보아야 합니다.

야곱은 하나님께 드리는 깊은 기도를 통해서 하나님을 경험하고 나서, 눈을 들어 보니 형 에서가 사백 명의 장정들을 이끌고 오고 있는 것을 봅니다. 여전이 자신을 향한 분노를 거두지 않은 채 말입니다. 적개심으로 가득한 얼굴로 나아오고 있습니다. 그래서 야곱은 자신이 사랑하는 순서대로 여종들과 그들이 낳은 자식들, 레아와 그의 자식들, 라헬과 요셉을 순서대로 세워놓고서 에서의 동태를 계속적으로 지켜보고 있습니다.

야곱은 에서를 지켜보는 가운데, 그가 아직 자신을 향한 분노의 마음을 접지 못한 모습을 보면서 오히려 마음이 아팠습니다. 어떻게 그 오랜 시간을 분노의 마음을 안고 살아왔을까 하는 생각을 하니, 야곱의 입장에서는 오히려 형 에서에 대한 연민과 안타까운 마음이 앞섰을 것입니다. 그 오랜 시간을 분노하면서 마음의 고통과 아픔을 고스란히 안고 살았을 형을 생각하니 오히려 불쌍해 보였습니다. 이에 야곱은 형에 대한 긍휼의 마음으로 내가 형을 품고 섬기면서 저 분노의 마음을 녹여 내리라는 마음을 갖게 됩니다.

인간관계를 갖다보면 우리에게도 불편한 관계에 있었던 사람들이 나에 대하여 분노의 모습을 가지고 마주 나올 때가 있습니다. 분노의 마음을 계속적으로 품고 사는 사람들은 안색이 변합니다. 말투가 사납습니다. 눈에는 독기가 가득 차게 됩니다. 이러한 자들을 대할 때에 그들이 하는 대로 우리도 그들과 같이 맞상대를 하게 되면 관계가 더욱 어려워지고 불편해지게 됩니다. 저들이 우리에게 독기 어린 모습으로 나온다고 해서 우리도 그와 같은 모습으로 그들을 대한다면 그 관계는 깨어지게 되며, 서로에게 씻을 수 없는 상처만 남기게 되는 것입니다. 따라서 우리에게는 오히려 그들의 분노를 헤아려보고 오히려 긍휼히 여기고 불쌍히 여기는 마음이 필요합니다. 내가 먼저 품고 다가가야 하는 것입니다. 먼저 다가가 손을 내밀고, 화해할 때, 상대가 가진 분노와 적대감도 어느덧 사라지게 되고 서로 간에 더 좋은 관계로 발전할 수 있는 것입니다.

이러한 모습이야말로 내 이웃을 사랑으로 섬기는 모습일 것입니다. 예수님께서 네 이웃을 내 몸과 같이 사랑하라는 말씀을 실천하는 모습입니다. 그러므로 나를 적대적으로 대하는 자들을 향한 사랑의 섬김은 하나님께서 기뻐하시는 삶의 모습인 것입니다. 여러분 모두 이러한 자들이 되시기를 바랍니다. 이러한 자가 큰 자입니다. 하나님께 잘했다 칭찬받는 자입니다.

다윗을 보십시오. 자신의 아들 압살롬이 반역자가 되어 살기등등한 가운데서 마주 나옵니다. 게다가 믿었던 신하들마저 압살롬과 한 편이 되어서 마주 나옵니다. 자신을 반역한 자가 다름 아닌 자신의 아들이었다니, 다윗으로서는 이만저만한 큰 충격이 아닐 수 없습니다. 아들이었기에 더욱 배신감도 컸을 것입니다. 그러나 다윗은 반역한 아들과 맞서 반역에 대한 죄를 묻지 않습니다. 오히려 그 상황에 맞서지 않기 위해 자신이 잠시 마하나임 지역으로 떠나 있습니다. 잠시 아들과 떨어져 있으면서 많은 생각을 했습니다. 아들 압살롬이 왜 아비인 자신을 반역할 수밖에 없었는지에 대한 이해와 포용의 마음이 생겼습니다. 그러자 오히려 자신을 반역할 수밖에 없었던 아들이 불쌍히 여겨졌습니다. 아들을 용서하고 품습니다. 그리고 마침내 다윗은 다시 왕권을 회복하게 됩니다. 이런 다윗의 모습이 저와 여러분의 모습이기를 바랍니다.

2. 하나님의 개입으로 인한 야곱과 에서의 극적 화해

야곱과 에서는 무려 이십 년 만에 극적인 화해를 이루게 되었습니다. 이 일은 야곱의 입장에서는 꿈에서도 바라던 것입니다. 형의 용서를 받고 지난 날 형에게 진 모든 빚을 마음으로부터 갚고 자유한 상태가 된 것이며, 에서의 입장에서도 이십 년 동안 품어오고 있던 묵은 분노의 찌꺼기를 해소하고 마음의 화평을 다시 찾은 사건입니다. 오랜 시간 서로 적대적으로 지냈던 이들이 이십 년 만에 만나 서로 안고 입을 맞추며, 극적인 화해의 장면을 연출하고 있습니다. 참으로 감동적인 아름다운 형제의 모습입니다.

그런데 오랜 시간을 서로 적대적인 관계에 있었던 이들이 어떻게 해서 하루아침에 이토록 극적인 화해를 이루어 낼 수 있었을까요? 그것은 전적인 하나님의 은혜였습니다. 하나님의 도우심이 이들 형제에게 있었기에 가능한 일이었습니다. 만일 이들 사이에 하나님의 역사하심이 있지 않았다면 인간적인 분노를 이기지 못한 에서로 인해 야곱과 그 가족들이 위험한 상황에 내몰릴 수도 있는 개연성이 다분했었습니다. 왜냐하면 우리가 익히 알듯이 에서의 성정은 즉흥적이고 충동적인 성향을 보이는 자이기 때문이다. 아마도 하나님의 개입과 간섭이 아니었으면 극단적인 일이 생겼을 것입니다. 하지만 하나님은 야곱의 기도를 받으시고 에서 안에 일어나는 분노의 마음을 사랑과 긍휼의 마음으로 변화시켜 주심으로 말미암아 형제간에 극적인 화해를 이룰 수 있게 해주셨습니다.

"그가 내게 간구하리니 내가 그에게 응답하리라 그들이 환난 당할 때에 내가 그와 함께 하여 그를 건지고 영화롭게 하리라"(시 91:15).

사랑하는 성도 여러분! 인간관계로 인해 힘들어 하고 괴로워 할 때, 야곱처럼 하나님 앞에 기도하시기 바랍니다. 기도할 때, 하나님께서는 세밀하고도 구체적으로 역사하셔서 어떠한 얼어붙은 관계라 할지라도 따뜻하게 녹여주시고 부드럽게 변화되게 하사, 좋은 관계로 회복시켜 주시고 화해의 물결이 넘치게 해 주실 것입니다. 하나님의 도우심 없이는 깨어진 인간관계의 온전한 회복은 불가능하다는 것을 잊지 마시기 바랍니다.

3. 하나님의 마음을 지닌 야곱

하나님의 역사로 인한 화해의 과정 가운데는 야곱의 역할이 있었던 것을 보게 됩니다. 그것이 무엇입니까? 그것은 바로 야곱이 하나님의 마음으로 형 에서를 바라보았던 것입니다. 야곱은 얍복 강가에서 밤을 새면서 기도한 끝에 마침내 하나님의 축복을 받아냅니다. 따라서 하나님의 얼굴을 보는 브니엘의 역사를 경험합니다. 그 증표로서 허벅지 관절의 힘줄이 끊어지는 흔적을 가졌습니다.

이러한 하나님의 강렬한 역사를 경험한 야곱은 그의 마음에 하나님의 마음을 담습니다. 하나님의 마음을 자신의 마음에 담고서 하나님의 마음으로 에서를 바라봅니다. 에서의 분노의 얼굴, 적개심으로 가득 찬 모습을 보는데, 전에 같으면 두려움에 떨었을 텐데, 이상하게도 그러한 에서가 더 이상 두려움의 대상이 아닌, 자신이 섬기고 긍휼히 여길 대상으로 보입니다. 이에 야곱은 에서에게 몸을 굽히는 것으로 자신의 마음을 표합니다.

사랑하는 성도 여러분! 우리를 대하는 사람들이 어떠한 태도로 대하든, 심지어 마음의 분노로 말미암아 적대적인 감정을 품고 우리를 대할지라도, 하나님의 마음을 가지고 그 사람을 보면 문제 될 것이 없습니다. 우리의 생각과 마음으로 그러한 자들을 보면 그들을 이해할 수도 없고, 그들을 마음으로부터 용납하기도 어려울 것입니다. 그렇게 되면 사람과의 관계성은 완전히 깨지지게 되고 화해를 이루는 삶을 살아가기가 어렵습니다. 우리가 화해를 이루는 삶을 살아가기 위해서는 야곱처럼 하나님의 마음을 가지고 나를 대적하는 사람들을 바라보는 마음이 필요합니다. 우리에게 긍휼의 마음이 절대 필요합니다.

적용

 야곱은 하나님의 은혜로 말미암아 오랜 기간 동안 이어져온 적대적인 관계를 끊고 이제 형 에서와 아름다운 화해를 이루기를 원합니다. 그 화해의 징표로서 야곱은 형 에서에게 형에 대한 진심어린 예를 갖춥니다. 첫째, 야곱은 에서에게 몸을 일곱 번 굽혔습니다. 이러한 행동은 지난날의 자신의 잘못으로 인해 에서의 마음에 씻을 수 없는 상처를 준 것에 대한 용서를 구하는 행동입니다. 여기서 일곱은 히브리어 완전수로서, 일곱 번 몸을 굽혔다는 것은 자신의 지난 행위에 대한 온전하고 완전한 용서를 에서에게 구하는 것을 의미합니다.

 과거 야곱은 형 에서를 경쟁상대로 생각했습니다. 마음속에 형에 대한 시기와 질투를 품고 있었습니다. 그래서 기회 있을 때마다 에서의 것을 자신의 것으로 취하고자 했던 욕심이 크게 자리하고 있었습니다. 그러나 이제는 형으로서 에서를 진심을 다하여 예우하고 높이고자 합니다. 형을 높인다는 것은 그의 앞에서 자신은 겸손히 낮아졌다는 것을 의미합니다. 이에 야곱은 자신뿐만 아니라 그의 가족들에게도 형 에서에게 머리 숙여 예를 표하게 합니다. 진심이 아니면 가능하지 않은 일입니다.

둘째, 화해의 예물 선물을 드렸습니다. 고대 근동에서 예물은 주로 상호간의 우호 및 화해의 증표로 사용되었습니다. 야곱은 긴 세월 동안 타향살이의 고난 가운데서도 하나님이 부어주신 축복으로 말미암아 거부가 되어 고향으로 돌아올 수 있었습니다. 야곱은 자신이 거부가 되어 고향 땅을 밟고 형과 화해를 이룬 것이 모두 하나님의 은혜로 된 것임을 너무나 잘 알고 있었습니다. 그러므로 그는 이 상황이 너무 기쁘고 좋아 감사하기만 했습니다. 하나님은 물론, 이십 년의 세월을 자신으로 인해 힘들었을 형을 생각하면 죄송하고 부끄럽기 그지없지만, 그럼에도 불구하고 자신을 받아주고 용서해준 형에게도 감사했습니다. 따라서 그 감사의 표현으로 하나님의 축복으로 일군 자신의 재산을 떼어 에서에게 예물로 드림으로 에서와의 화해의 증표를 삼기를 원했습니다. 에서는 야곱의 예물을 받기를 사양했지만 야곱의 진심에 감동을 받고 예물을 받습니다. 이제는 야곱과 에서 사이에 완전한 화해가 이루어집니다.

사랑하는 성도 여러분! 아직까지 화해하지 못하고 오랜 세월 동안 서로 적대적인 관계로 지내시는 분이 있으십니까? 오늘 야곱과 에서처럼 화해하시기 바랍니다. 야곱과 에서는 이십 년이라는 긴 세월의 깊은 골을 안고 서로 적대적인 관계로 지내왔습니다. 하지만 하나님의 마음을 품으니 그간의 불편했던 마음은 눈 녹듯 사라지고 서로 뜨겁게 포옹하고 입을 맞추며 극적인 화해를 맞게 되었습니다. 자신의 부족함을 인정하고 자신을 낮추고 상대방을 존중하면 화해의 길은 열리게 됩니다.

우리의 구원자이신 예수님이 왜 이 땅에 오셨습니까? 예수님이 이 땅에 오신 것은 친히 하나님과 우리 사이에 원수 된 관계를 청산하고 화해시키고자 오신 것입니다. 주님은 화목제물이 되심으로 하나님과 우리와의 관계를 화해시켜 주셨습니다. 예수님은 십자가의 죽음을 통해 하나님과 우리 사이를 화해시켜 주셨습니다. 그 결과 우리가 하나님과 화해를 이루어 화평을 누리고 영생을 얻게 되었습니다. 할렐루야! 이제 우리는 하나님과 화해한 자가 되었기에 언제든지 하나님 앞으로 나아가 예배하고 기도할 수 있게 되었습니다. 따라서 우리는 화해의 중재자가 되어야 합니다.

사랑하는 성도 여러분! 우리는 화해의 복음을 가진 자입니다. 하나님은 물론 이웃들과 아름다운 화해를 이룸으로써 건강한 관계를 가짐으로 한 단계 더 성숙한 영적 발돋움을 이루어 이 시대에 귀하게 쓰임 받는 복된 하나님의 사람들이 되시기를 바랍니다.

영적 발돋움
13

영적 양육

창세기 34:1-13

영적 발돋움 13
영적 양육
창세기 34:1-13

들어가는 말

　신록이 무성한 오월의 첫날입니다. 하나님의 은혜와 축복이 이 한 달도 여러분과 함께하시기를 바랍니다. 특별히 오늘은 오월 중에서도 어린이 주일입니다. 우리는 하나님께서 주신 자녀들과 다음 세대들을 다시 한 번 돌아보고 이들을 잘 양육함으로 하나님이 기뻐 받으실 만한 자들로 세우는 일에 최선을 다해야 합니다.

　자녀는 하나님이 우리에게 내려주신 특별한 선물입니다. 내 몸에서 나왔다고 해서 내 것이 아닙니다. 내 몸을 빌려 하나님께서 내려주신 특별한 선물입니다. 그런데 하나님께서 우리에게 자녀를 주실 때는 하나님이 요구하시는 일정한 기대치를 가지고 주십니다. 즉, 하나님은 우리의 자녀들이 하나님의 거룩하고 온전한 사람으로 잘 양육되기를 바라십니다. 따라서 우리가 자녀들을 하나님 보시기에 기뻐 받으실 만한 온전한 자가 되도록 양육하는 것은 우리 믿는 자들의 의무입니다. 하나님이 주신 자녀를 하나님이 받으시기에 합당한 모습으로 잘 양육해야 할 책무가 우리에게 있습니다. 가정에서 부모는 자녀를 영적으로 양육하는 데 막중한 책임이 있습니다. 교회 역시 우리의 미래 세대를 영적으로 건강하고 온전하게 성장하도록 지도하고 인도해야 할 무한 책임이 있습니다. 그러므로 부모나 교회는 다음 세대에 대한 거룩한 부담감을 가져야 합니다. 하나님의 기대치가 있기 때문입니다.

그러나 문제는 하나님의 기대치에 부합하도록 자녀가 잘 양육되기를 바라는 부모의 소망대로 자녀를 잘 양육한다는 것이 그리 생각처럼 쉽지 않다는 데에 있습니다. 이 문제는 저와 여러분만의 문제는 아닙니다. 성경 속에 등장하는 가정들을 살펴보면, 우리들이 안고 있는 자녀 양육에 대한 문제를 그들도 역시 가지고 있었다는 것을 알 수 있습니다. 하나님의 기대치와 부모의 바람에 부응하는 자녀로 잘 성장하면 얼마나 좋겠습니까? 그러나 현실은 그렇게 녹록치 않다는 것입니다. 많은 한계를 가지고 있습니다.

1. 야곱의 자녀들로 인한 근심

야곱의 가정을 보십시오. 야곱은 하나님의 은혜와 축복을 많이 받은 사람입니다. 그러므로 하나님은 그의 이름을 야곱에서 이스라엘로 바꾸어 주셨습니다. 그는 하나님을 직접 대면해서 이긴 브니엘의 역사를 경험했으며, 그의 몸에 하나님의 은혜의 역사 흔적을 지니고 있었습니다. 그리고 많은 자녀와 물질의 복을 받았습니다. 또한 하나님의 도우심으로 외삼촌 라반의 구속에서 벗어나 자유함을 얻었을 뿐 아니라, 오랜 시간 형 에서와의 적대적인 관계를 청산하고 화해와 화합하는 은혜도 누리게 되었습니다. 자신에게 당면한 모든 문제들이 하나님의 개입하심과 도우심으로 말미암아 하나하나 차근차근 해결함을 받았습니다.

그런데 야곱이 하나님 앞에 모든 문제를 해결함 받고, 세겜 땅에 정착하면서 이제는 새로운 곳에서 가족들과 아무 걱정 없이 행복하게 잘 살 것만 생각하면서 살아가던 그때, 야곱은 그의 자녀들로 인해 큰 근심에 빠지게 됩니다. 야곱의 사랑하는 딸 디나가 그곳에 사는 세겜이라는 청년에게 성폭행을 당하고 감금을 당하는 사건이 발생합니다. 이는 야곱에게 크나큰 충격을 가져다 준 큰 사건이 아닐 수 없었습니다. 이 사건으로 인해 야곱은 아비로서 견디기 어려운 시간들을 보냈을 것입니다. 사랑하는 딸이, 그것도 성폭행이라는 여성으로서는 가장 치욕스럽고 수치스러운 일을 당했다는 것은 천하의 야곱이라도 감당하기 어려운 일이었을 것입니다.

이뿐만이 아닙니다. 이 문제를 해결하고자 할 때 야곱은 자신의 아들들이 제안하는 문제로 인해서 근심했습니다. 디나를 감금하고 성폭행을 자행한 세겜과 그의 아버지 하몰은 세겜과 디나와의 결혼을 종용하고 나섰습니다. 세겜이 야곱의 딸 디나를 사랑함으로 그녀와 결혼하기를 원했기 때문입니다. 이에 야곱의 아들들은 세겜 사람들이 할례를 행하면 결혼을 승낙하겠고, 할례를 행치 아니하면 승낙할 수 없다는 뜻을 전합니다. 여기에는 이들의 할례를 틈타 이들이 디나에게 행한 악행에 대해 보복하고자 하는 의도가 숨어 있었습니다.

그러나 더 깊이 영적으로 생각해 볼 것은, 물론 디나에게 행한 행위에 대한 보복 차원이라고는 하지만, 할례는 하나님의 언약백성이라는 증거로서 하나님의 백성에게만 행해지는 규례임에도 불구하고, 야곱의 아들들이 이 부분을 무시하고 하나님의 백성이 아닌 세겜 사람들에게 할례를 제안함으로써 하나님의 권위를 전적으로 무시하는 우를 범하고 있습니다.

어쨌든 야곱의 딸 디나를 사랑해서 그녀를 자신의 아내로 삼고자 하는 욕구가 강했던 세겜은 야곱의 아들들의 청을 쾌히 받아들입니다. 이윽고 세겜의 남자들이 모두 할례를 행했습니다. 그리고 삼일 째 되는 날, 할례를 받고 거동이 원활하지 못한 틈을 타서 야곱의 아들 중 시므온과 레위가 몰래 세겜 성을 기습적으로 습격하여 세겜의 남자들을 다 죽이고, 그들의 모든 소유물들은 물론 그 자녀와 아내들을 모두 사로잡아 왔습니다. 야곱의 아들들이 상대를 속여 살인과 강도 짓을 저지른 것입니다.

이 사실을 뒤늦게 알게 된 야곱은 아들들의 행위로 말미암아 큰 근심에 빠집니다. 이에 야곱은 이 일로 인하여 이 지역 족속들이 힘을 합쳐 우리를 죽이고자 할 것인데, 우리의 숫자가 그들의 숫자보다 적으므로 우리는 그들이 쳐들어오면 망할 일만 남았노라고 아들들을 책망합니다. 그러나 아버지의 훈계에도 잘못을 회개치 않고 자신들의 행동이 정당한 것임을 항변합니다. 누이를 성폭행하고 창녀처럼 대우한 그들에게 응당 우리가 할 일을 했다는 것입니다.

아버지 야곱에게 있어서는 딸 디나로 인한 아픔도 컸지만, 아들들의 악행은 더더욱 큰 아픔이었습니다. 설상가상으로 또 다른 불행이 찾아옵니다. 그 와중에 야곱의 장자 르우벤은 아버지의 첩 빌하를 범하는 중범죄를 저지르고 맙니다. 야곱은 두 사람과의 관계에서 여인의 남편이자 동시에 여인을 범한 자의 아비로서 참담한 현실에 놓이게 됩니다. 또한 야곱의 아들들은 형제들끼리 서로 시기와 질투로 분쟁을 일삼습니다. 열 명의 형제들이 동생 요셉을 은 이십을 받고 미디안 장사꾼들에게 팔아넘기는 엄청난 죄를 저지릅니다(창 37:28). 야곱의 아들들이 졸지에 형제를 돈을 받고 파는 인신매매단이 되어버린 것입니다. 어떻게 보면 야곱의 거의 모든 자녀들이 문제아가 된 형국이 되고 말았습니다. 이들은 갖가지 일탈행위를 일삼음으로써 하나님께 범죄함은 물론이거니와, 아버지 야곱의 마음을 아프게 하는 불효를 행하였고, 사회에 불의한 자들이 되고 말았습니다.

2. 자녀 양육자로서 야곱의 문제

그렇다면 야곱의 아들들의 이러한 일탈행위의 원인은 어디에 있었을까요? 여러 가지 요인들이 있을 수 있겠으나, 가장 큰 원인은 무엇보다도 야곱에게 있었습니다. 자녀가 잘못된 길을 가고 사회적으로 용인되지 않는 일탈행위를 일삼을 때, 그 원인은 일차적으로 부모에게 있음을 우리는 잘 알아야 합니다. 그래서 자녀 문제를 다룰 때, 자녀의 행동발달에 부모의 역할이 매우 큰 것을 알기 쉽게 표현한 말로 교육학에서는 "문제 부모는 있어도 문제 아이는 없다"라는 말을 하곤 합니다. 그렇다면 자녀 양육자로서의 야곱의 문제는 무엇이었을까요?

첫째, 야곱은 하나님과의 관계에 있어서 문제가 있었습니다. 야곱은 애초에 세겜 땅이 아닌 벧엘로 가서 가족들과 장착해야 했습니다. 왜냐하면 야곱이 가족들과 함께 외삼촌 라반의 집에서 나와 고향 땅으로 향했을 때 하나님은 그곳으로 올라가라고 명하셨기 때문입니다. 그런데 야곱은 벧엘로 올라가지 않고, 세겜 땅에 정착하려고 하몰에게서 땅을 샀습니다. 왜 그랬을까요? 그것은 아마도 야곱은 목축을 하는 자였기에, 자신이 목축을 하기에는 벧엘보다는 세겜이 더 적합하다고 생각했을지 모릅니다. 만약 그랬다면, 야곱은 하나님의 약속과 인도하심보다는 자기의 생각이나 세상적인 가치관에 함몰되었다는 증거가 됩니다. 하나님과의 관계가 원활하지 못했다는 것입니다. 이것이 문제가 되었던 것입니다.

둘째, 야곱은 자녀들을 영적으로 양육하는 일에 소홀했습니다. 아버지 야곱은 자신에게 주어진 일을 열심히 하며 성실하게 최선을 다하여 살았던 사람입니다. 그는 형 에서와 얽힌 문제와 그 후에 이룬 가족들 간에 일어나는 일들, 즉, 가정의 복잡한 문제와도 싸워야 했으며, 외삼촌 라반의 집에서 온갖 설움을 견디며 십여 년을 아무 대가없이 일하며 봉사하였으나, 경제적으로는 아무런 유익을 얻지 못한 것에 대한 회의감과 절망감에 떨어야 했던 시기를 보내야 했습니다. 그리고 자신을 속이고 이용의 대상으로만 생각하는 외삼촌으로 인해 크게 마음의 상처를 입었습니다. 야곱은 이렇게 무거운 짐을 많이 지고 굴곡진 삶을 살면서도 자신에게 당면한 문제들을 한 번도 회피하거나 거부하지 않고 모든 일에 최선을 다하며 살았습니다. 수많은 상처와 인생의 아픔을 참고 견디면서 감내해야 했습니다.

현실적인 경제 상황에 너무 심취한 나머지 자녀 양육에 있어서는 하나님의 뜻대로 양육하는 일에 소홀히 했습니다. 이것이 문제였습니다. 이러한 현실적인 삶에 지친 야곱은 자녀들을 돌아볼 여유가 없었습니다. 자녀들과 함께해 주지도 못했으며, 그들의 고민이나 아픔을 들어주고 따뜻하게 품어주지도 못했습니다. 무엇보다 자녀들과 함께하지 못함으로써 신앙의 전수자가 되어야 할 부모로서의 역할을 충실히 감당하지 못했습니다. 그러므로 자녀들은 부모로부터 신앙적인 교육을 전혀 받지 못하며 성장했던 것입니다.

다만 가장으로서의 책임감이 앞서 가정을 책임져야 한다는 일념 하에 그저 앞만 보고 열심히 일만 했습니다. 그러는 사이 자녀들은 부모에 대한 마음의 빈자리가 점점 커져만 갔으며, 아이들은 그 빈자리를 채우지 못한 채, 일탈된 행동으로 자신들의 존재를 드러내고 맙니다.

부모의 따뜻한 관심과 돌봄, 무엇보다도 영적으로 양육되지 못한 자녀들은 결국 하나님의 뜻을 구하고 하나님의 뜻대로 살기는커녕, 사회적으로도 용인되지 않는 큰 범죄들을 저지름으로써 하나님 앞에 큰 죄악을 범하고 하나님의 이름을 더럽히는 자들이 되고 맙니다.

셋째, 아버지 야곱은 자녀 문제를 영적으로 해결하는 데에 소홀했습니다.

사실 야곱은 위기관리에 능한 자였습니다. 인생의 힘든 고비마다 하나님을 의지하며 기도로써 자신의 문제를 해결해 왔던 자였습니다. 대표적으로 에서의 위협 국면에서 그는 하나님께 그 문제를 해결함 받기 위해 밤을 세워가며 끈질기게 기도하며 하나님께 매어 달렸습니다. 하나님만이 자신의 문제를 해결해 주실 능력을 지닌 분이라는 확실한 믿음을 소유한 자였습니다.

그런데 지난날 그러했던 야곱은 현재 어떠한 모습으로 있습니까? 야곱이 사랑하는 딸 디나가 여성으로서 당하지 말아야 할 일을 당했을 때도 야곱이 이 문제를 놓고 기도했다는 말씀이 전혀 없습니다. 아들들이 디나의 일로 인해 보복하고자 세겜의 남자들을 죽이고 그들의 소유물을 노략질하는 죄를 범하는 가운데서도 그들이 먼저 하나님께 나아와 하나님의 뜻을 묻기 이전에 사람을 죽이고 노략질한 것은 하나님 앞에 커다란 범죄임을 가르치고, 범죄한 아들들이 하나님을 두려워해야 함을 가르쳐야 합니다. 그런데 오히려 야곱은 하나님을 두려워하기보다는 그 땅에 사는 가나안 족속과 브리스 족속이 아들들의 행위를 보복하기 위해 자신을 치러 오지나 않을까 하고 두려워하는 모습을 보입니다. 하나님보다 세상 사람들을 더 두려워하고 의지하고 살아갑니다. 하나님의 방법보다는 세상의 방법에 더 의지하고 세상을 따라 살아가는 유약한 모습을 보게 됩니다.

그 결과 야곱은 아버지로서의 영적인 권위를 완전히 상실하고 말았습니다. 자녀들은 아버지의 권위를 인정하지 않고 아버지의 말을 따르려 하지 않습니다. 이로 인해 야곱의 가정은 자녀들로 인해 큰 위기를 맞게 됩니다.

적용

사랑하는 성도 여러분! 우리의 가정은 어떻습니까? 여러분의 자녀들은 영적으로 건강하게 잘 성장하고 있습니까? 세상을 살다보면 여러 가지 어렵고 힘든 일을 많이 만나지만, 그 중에서도 자녀를 키우는 일이 가장 어렵다고들 합니다. 저와 여러분 모두 자녀를 키워보셔서 알겠지만, 자녀의 머리가 커지게 되면 부모의 마음과 뜻대로 되지 않는 것이 자녀 문제라는 것을 잘 알고 있을 것입니다. 그러므로 자녀를 둔 부모는 절대로 다른 사람에게 큰소리 칠 수 없다는 말이 있습니다.

자녀를 키우는 일이 그만큼 어렵다는 것을 단적으로 드러내는 말입니다. 저와 여러분의 자녀들이 야곱의 자녀들과는 달리 하나님의 말씀 안에서 영적으로 건강하고 바르게 성장하기를 원합니다.

그렇게 되기 위해서는 어떻게 해야 합니까? 첫째, 부모인 우리가 영적으로 끊임없이 발돋움해야 합니다. 영적인 성장과 성숙을 도모하는 일에 힘써야 한다는 것입니다.

우리 자녀들은 부모의 절대적인 영향력 아래서 성장합니다. 그만큼 자녀들에 대한 부모의 영향은 상상 이상으로 큰 것입니다. 따라서 자녀들에게 영적으로 좋은 영향력을 미치기 위해서는 당연히 자녀들에게 영적 모범을 보여야 합니다. 즉, 예배생활이나 경건생활, 그리고 가정생활과 교회생활, 그리고 사회생활을 함에 있어서 영적인 가치를 추구하고 하나님의 뜻을 좇아가는 신실함이 있어야 합니다. 부모의 영적인 성숙도는 자녀들에게 그대로 영향을 미칠 수 있기 때문입니다.

이삭은 그의 아버지 아브라함의 믿음과 영적인 성숙도를 보고 자랐습니다. 아브라함의 믿음의 삶의 모습은 아들 이삭에게도 그대로 전수되었습니다. 이삭은 아버지로부터 받은 믿음의 본을 따라 산 결과 하나님께 큰 은혜를 입고 이 땅에서도 하나님이 주신 복을 누리며 살아갈 수 있었습니다. 자녀를 영적으로 양육하기 이전에 먼저 우리의 신앙생활이 성숙해져야 합니다. 우리의 현재의 모습은 자녀의 미래의 모습이 되기 때문입니다.

둘째, 훈육을 해야 합니다. 야곱의 가정의 문제는 훈육이 이루어지지 않았다는 것입니다. 부모는 자녀를 사랑하고 축복해야 합니다. 잘 되기를 바라고 기대감을 포기하지 않아야 합니다. 자녀가 필요로 할 때 함께해 주고, 자녀의 징검다리와 사닥다리가 되어주어야 합니다.

그러나 자녀가 잘못된 길로 나아가려 할 때 바른 길로 인도해 주어야 하며, 진리의 길로 인도해야 합니다. 옳고 그름을 분명히 가르쳐야 합니다. 진리와 비진리를 분명히 구분할 수 있게 해야 합니다. 자녀의 잘못을 보고도 사랑이란 이름으로 방관하고 잘못을 가르쳐 훈육하지 않는다면, 자녀들이 올바르게 성장할 수 없습니다. 엘리 제사장을 보십시오. 그의 아들 홉니와 비느하스가 망령된 일을 해도 방관하고 그냥 넘깁니다. 적당히 대충 얼버무리고 맙니다. 그 결과 자녀들이 어떻게 되었습니까? 하나님께 버림을 받고 맙니다. 그러므로 자녀를 신앙으로 잘 훈육하고 가르치는 일은 매우 중요합니다. 온사랑 교회의 모든 성도들은 자녀들을 하나님의 진리의 말씀으로 잘 훈육하여 자녀들이 모두 영적 거장들로 성장할 수 있기를 바랍니다.

"네 자녀에게 부지런히 가르치며 집에 앉았을 때에든지 길을 갈 때에든지 누워 있을 때에든지 일어날 때에든지 이 말씀을 강론할 것이며"(신 6:7).

셋째, 자녀들에 대한 기대감을 가지고 기도하고 축복해 주어야 합니다. 자녀들은 연약합니다. 부족합니다. 지식이나 경험이나 모든 것이 부족할 수밖에 없습니다. 그래서 넘어지고 쓰러질 수 있습니다. 수많은 시행착오를 겪을 수밖에 없습니다. 더욱이 자녀는 현재 만들어 가는 중이며, 성장하는 가운데 있습니다. 그러므로 지금 현재의 모습만을 보고 자녀에 대해 단정하고 평가해서는 안 됩니다. 설사 자녀가 현재 조금 부족한 면이 있더라도 인내로 기다려 주며, 시간을 가지고 지켜봐 주는 부모로서의 지혜가 필요합니다. 다만 믿는 부모로서 우리가 해야 할 일은 자녀들이 영적으로 육적으로 건강한 하나의 인격체로서 잘 성장할 수 있도록 기도로 후원하고 주의 이름으로 축복하는 일밖에 없습니다.

사랑하는 성도 여러분! 하나님의 선물로 주신 자녀들을 하나님의 기대치에 합당하게 영적으로 잘 양육하는 신실한 부모들이 되시기를 원하신다면 끊임없이 기도하시고 자녀들을 말씀으로 양육하십시오. 그러면 여러분의 자녀들이 믿음의 거장으로 하나님의 나라를 위해 거룩하게 쓰임을 받을 것입니다.

영적 발돋움

14

영적 가족

창세기 35:1-7

영적 발돋움 14
영적 가족
창세기 35 : 1 - 7

들어가는 말

하나님의 백성이 자녀를 건강하게 키우면서 복된 가정을 누리며 사는 것은 이 땅에서 얻을 수 있는 가장 귀중한 복입니다. 오늘날 우리 주변에는 자녀문제로 고통하는 사람들이 너무 많습니다. 하나님을 섬기는 가정에도 예외가 될 수 없습니다. 믿음의 조상 야곱은 자녀들의 문제로 큰 심적 고통을 받았습니다. 그럼에도 불구하고 자녀들의 문제로 큰 고통 가운데 있었던 야곱의 가정에 하나님의 크신 은혜가 임했습니다. 하나님의 말씀이 임합니다. 이것이 은혜입니다. 은혜가 없는 곳에는 하나님의 임재도 말씀도 없습니다. 그러나 은혜가 풍성한 곳은 하나님의 말씀과 역사하심이 넘치는 것을 봅니다.

사랑하는 성도 여러분! 여러분의 가정에 언제나 하나님의 역사하심과 하나님의 말씀이 풍성하게 임하시기를 기원합니다. 이것이 하나님의 큰 은혜이며 축복입니다.

야곱과 그의 가정에 임한 하나님의 말씀은 무엇입니까? "벧엘로 올라가서 하나님께 단을 쌓으라"고 하십니다. 하나님은 일찍이 야곱으로 하여금 야곱과 그의 가족이 벧엘로 올라가 정착할 것을 명하셨습니다. 그러나 야곱은 하나님의 뜻대로 벧엘로 가지 않고, 세겜에 정착했습니다. 벧엘보다는 세겜의 땅이 비옥하고 모든 것이 풍요로워 보였습니다. 무엇보다 생업인 목축을 하기에는 세겜 만한 곳이 없다고 판단했습니다. 이에 야곱은 물과 풀이 있는 세겜에 정착하기 위해 당장 자신과 가족들이 살 땅부터 샀습니다.

그런데 이러한 과정 가운데 세겜에서의 새로운 생활은 시작되었으나, 이곳 세겜 사람들로 인해 야곱의 가정은 뜻하지 않은 큰 어려움을 당합니다. 앞장에서 살펴본 대로 그 중심에는 야곱의 자녀들이 있었습니다. 야곱은 자녀들로 인해 근심해야 했습니다. 그런 야곱에게 하나님은 야곱으로 하여금 세겜에 있지 말고 하나님이 약속하신 땅 벧엘로 올라가라고 말씀하십니다. 벧엘이 어떤 곳입니까? 이전에 야곱이 형을 피해 도망가던 때에 하나님을 처음 만났던 곳으로 은혜의 빛이 자신에게 임한 장소입니다. 하나님은 고통만 안겨다준 세겜을 떠나 자신을 처음 만났던 장소인 벧엘에 올라가 그곳에서 세겜에서의 아픈 기억을 모두 잊고 야곱과 그의 가족이 새 삶을 시작하길 원하셨습니다.

1. 벧엘로 올라가라

그렇다면 하나님께서 야곱으로 하여금 벧엘로 올라갈 것을 명한 이유는 무엇일까요? 첫째, 하나님의 언약이 있는 곳이기 때문입니다. 벧엘은 야곱이 형 에서를 피해 브엘세바를 떠나서 밧단아람으로 향해 가던 때에 두려움과 혼돈 가운데 지쳐 자고 있던 야곱에게 나타나셔서 야곱을 위로하시고 복을 주시겠다는 약속의 말씀을 주신 곳입니다.

그때 야곱은 자신을 축복하신 하나님께 감사하며 다음과 같이 서원합니다. "야곱이 서원하여 이르되 하나님이 나와 함께 계셔서 내가 가는 이 길에서 나를 지키시고 먹을 떡과 입을 옷을 주시어 내가 평안히 아버지 집으로 돌아가게 하시오면 여호와께서 나의 하나님이 되실 것이요 내가 기둥으로 세운 이 돌이 하나님의 집이 될 것이요 하나님께서 내게 주신 모든 것에서 십분의 일을 내가 반드시 하나님께 드리겠나이다 하였더라."(창 28:20-22)

벧엘은 하나님의 언약이 있는 곳입니다. 야곱의 서원이 있고 약속이 있는 곳입니다. 그래서 하나님은 벧엘로 야곱을 다시 인도하심으로 이전에 하나님 자신과 야곱이 상호 약속한 언약을 지키기를 원하셨던 것입니다.

둘째, 하나님의 명령과 지시가 있는 곳이기 때문입니다. 야곱이 밧단아람에서 외삼촌 라반과 그의 아들들로 인해 심적인 고통에 시달릴 때 야곱은 하나님으로부터 이곳, 밧단아람을 떠나 벧엘로 가라는 명령을 받았습니다. 이에 야곱은 하나님의 말씀을 따라 밧단아람을 떠났으나, 결국 종착지는 하나님이 지시하신 벧엘이 아닌 세겜이었던 것입니다. 자신이 보기에는 벧엘보다는 세겜이 살기에 더 좋아보였기 때문입니다. 야곱은 하나님의 말씀을 어기고 벧엘에 이르지 않고 자신의 소견에 좋아 보이는 세겜에 정착했으나 그 결과는 참혹했습니다. 그곳 세겜 사람들과 자녀들과의 얽힌 문제로 인해 큰 어려움에 봉착하는 일을 겪게 됩니다. 이때 하나님은 또다시 야곱에게 나타나셔서 자신이 가라고 지시했던 벧엘로 갈 것을 말씀하고 있습니다.

셋째, 하나님께서 야곱을 통해 영광을 받으시고 높임을 받으시고자 하기 때문입니다. 그리고 야곱을 축복하고 싶었기 때문입니다. 하나님께서는 야곱에게 벧엘에 올라가서 하나님께 단을 쌓을 것을 명하셨습니다. 이는 하나님께서 야곱으로 하여금 영광을 받으시고 높임을 받으시고자 함입니다. 하나님은 야곱에게 영광만 받으시고 가만히 계시는 분이 아니십니다. 그에게 축복하여 그를 복의 통로로 삼고 싶은 원대한 계획을 가지고 계셨습니다.

사랑하는 성도 여러분! 오늘 하나님께서 우리에게도 하나님의 은혜를 깊이 경험한 "벧엘로 올라가라"고 말씀하십니다. 우리가 올라가야 할 벧엘이 어디입니까? 우리가 올라가야 할 벧엘은 하나님의 언약이 있고, 우리가 하나님의 은혜를 체험하고 하나님께 약속한 그곳입니다. 하나님이 계신 벧엘에서 우리는 하나님을 높이고 예배할 수 있습니다. 그곳에서 우리는 영적인 치유와 회복을 경험할 수 있고, 하나님이 주시고자 하는 모든 복을 받을 수 있습니다. 그곳으로 올라가는 은혜가 있기를 바랍니다. 그곳이 교회일 수도 있고, 다락방일 수도 있으며, 평범한 가정집일 수도 있습니다. 하나님의 깊은 은혜를 경험한 곳을 다시 찾아 하나님의 얼굴을 구하십시오. 그러면 하나님께서 여러분의 삶을 축복하시고 새로운 인생을 살 수 있도록 인도하실 것입니다.

2. 벧엘로 올라간 야곱

벧엘로 올라가라는 하나님의 명령에 야곱은 어떻게 반응했습니까? 야곱은 하나님께서 벧엘로 올라가서 단을 쌓으라고 하실 때 이렇게 말할 수도 있었을 것입니다. "하나님 우리가 왜 벧엘로 가야 합니까? 세겜에서 받은 상처나 아픔이 얼마나 큰지 아십니까? 우리가 세겜에서 고통당할 때에 하나님은 무엇을 하셨습니까? 사랑하는 딸 디나가 어려움을 당할 때, 시므온과 레위가 세겜 사람들을 죽이고 노략질 할 때 하나님은 어디에서 무엇을 하셨습니까? 우리가 세겜에서 하나님의 도우심이 필요할 때 하나님은 침묵하고 계셨습니다. 그런데 이제 와서 벧엘로 올라가라 하십니까?" 야곱은 충분히 하나님께 항의할 수 있었을 것입니다. 그러나 야곱은 그렇게 하지 않았습니다. 자신의 불순종으로 이 모든 일이 일어난 것을 알고 하나님의 말씀에 따라 순순히 가족들과 함께 벧엘로 올라갑니다. 야곱은 하나님의 언약이 있는 벧엘로 올라가는 길만이 살 길이고 축복의 길이라는 것을 뒤늦게 깨닫게 됩니다. 그곳이야말로 하나님의 풍성한 은혜와 위로와 치료가 있으며, 회복의 역사가 있는 곳임을 알았습니다. 이 사실을 깨닫게 된 야곱은 자신이 정착했던 세겜을 떠나 벧엘로 발길을 옮겼습니다.

이에 대해 야곱의 가족들은 어떠한 반응을 보였을까요? 이들도 야곱과 마찬가지로 야곱과 같은 반응을 보였습니다. 왜 갑자기 벧엘로 올라가야 하는지, 가게 되면 어떻게 새로운 삶을 시작해야 하는지 등에 대해서 반문하지 않았습니다. 조금의 의심도 품지 않았습니다. 벧엘로 올라가자는 야곱의 말을 전적으로 신뢰하며 따랐습니다.

야곱의 가족들은 이제 야곱을 중심으로 하나가 됩니다. 그들은 야곱의 명령에 따라 벧엘로 올라가기 전에 지금까지 자신을 묶고 있던 죄의 묵은 때들을 벗겨내는 일을 합니다. 첫째, 이방 신상을 버렸습니다. 야곱의 가족들은 자신들이 가지고 있던 모든 이방 신상을 야곱에게 내어주었습니다. 라헬도 자신의 고향 밧단아람을 떠나올 때 가지고 온 드라빔이 있었습니다. 그러나 그들은 이방 신상을 모두 버리라는 야곱의 요구에 따라 벧엘로 올라가기 위한 준비작업으로 그 모든 우상을 제거했습니다.

둘째, 자신을 정결하게 했습니다. 이는 내면의 거룩함과 성결함을 가졌다는 것입니다. 야곱의 가족들은 각자 크고 작은 내면의 상처를 안고 있는 자들이었습니다. 라반에 의해 받은 상처가 있었습니다. 각자의 위치에 따라 라반에게 받은 아픈 상처가 있었습니다. 이에 더해 자신들이 밧단아람을 떠나 정착한 세겜에서도 잊을 수 없는 아픈 상처가 있었습니다.

이 모든 발단은 야곱의 딸 디나가 그곳 추장인 세겜에게 성폭행을 당하면서 시작되었습니다. 이 사건은 야곱의 가족에게는 씻을 수 없는 큰 고통과 아픔을 가져다주었습니다. 이 일로 야곱의 아들 시므온과 레위가 세겜 사람들을 죽이고 노략질하는 악한 죄악을 범하게 되었습니다. 이 일은 다시 한 번 야곱에게 큰 상처가 되었고, 야곱과 그의 아들들이 갈등을 유발하게 하는 원인으로 작용하면서 모두에게 상처를 입히는 일이 되고 말았습니다.

이뿐만 아닙니다. 야곱의 장자 르우벤은 아버지의 첩 빌하를 범하는 패륜을 저지르는 죄악을 저지르게 됩니다. 이쯤 되면 가족 서로 간에 받은 충격과 고통은 이루 말할 수 없을 것입니다. 가족들은 모두 죄로 인해 받은 상처로 곪아 있었습니다.

야곱의 가정의 죄를 근원적으로 치유하는 길은 하나님의 은혜밖에 없었습니다. 하나님의 특별한 간섭 없이는 이 가정이 회복되는 것은 불가능합니다. 그래서 하나님은 야곱에게 나타나셔서 우상을 버리고 마음을 정결하게 하여 벧엘에 가서 제단을 쌓으라고 명하십니다(창 35:1). 이에 야곱은 하나님의 말씀에 순종했습니다. 따라서 가족들로 하여금 정결케 할 것을 명합니다.

셋째, 의복을 바꾸어 입었습니다. 의복을 바꾸어 입었다는 것은 이제까지의 죄악 된 삶의 행동양식을 버리고 하나님께서 바라시는 새로운 행동양식으로의 변화를 의미합니다. 그래서 이들은 부정과 부패, 음란과 타락, 시기, 질투, 살인 등의 옷을 벗어 버리고 언약백성으로서 새 옷을 입고 벧엘로 향했던 것입니다.

그들은 이제 우상을 버리고, 자신을 정결하게 하고, 의복을 바꾸어 입고 하나님의 말씀을 따라서 벧엘로 올라갔습니다. 그리고 가장 먼저 하나님께 단을 쌓았습니다. 아마도 감격적인 눈물의 제사를 하나님께 드렸을 것입니다. 이제 그들은 하나님이 지시하신 벧엘에서 영적 회복의 역사를 체험합니다. 그들의 죄는 용서 받았습니다. 이에 따라 가족관계가 회복됩니다. 무엇보다 그들 각자의 삶이 회복된 것을 볼 수 있습니다.

적용

사랑하는 성도 여러분! 하나님께서는 오늘 말씀을 통해서 야곱에게 주셨던 말씀을 우리 각 가정에도 주시기를 원하십니다. "벧엘로 올라가라." 곧, 예배의 자리, 기도의 자리, 은혜의 자리, 섬김의 자리, 사역의 자리로 올라가라 명하십니다.

그런데 하나님께서 이처럼 각자의 벧엘로 올라가라 하실 때, 여러분은 어떤 반응을 보이십니까? 야곱과 그의 가족들처럼 순종하며 올라가십니까? 그렇지 않고 이런저런 핑계와 이유를 대면서 지체하십니까? 아니면, 하나님이 말씀하실 때 그 말씀에 순종치 않고 자기 뜻대로 행하십니까? 물론 우리 교회 성도들의 가정들은 모두 하나님이 벧엘로 올라가라 명령하실 때 야곱의 가족들처럼 순종하며 올라갈 줄로 믿습니다.

그렇지만 벧엘로 올라가 하나님의 역사를 경험하기 위해서는 먼저 갖추어야 할 선결 조건이 있습니다. 첫째, 하나님의 말씀에 대한 절대 믿음이 있어야 합니다. 하나님의 말씀 안에는 하나님의 권위와 능력이 있으며, 치유와 회복이 있고, 승리와 축복이 있습니다. 이러한 믿음이 있을 때에야 비로소 우리는 하나님이 말씀하실 때에 순종하며 벧엘로 올라가 하나님의 역사하심을 경험할 수 있습니다.

둘째, 가장인 아버지의 권위를 인정하며, 그 아버지를 중심으로 가족이 하나가 되어야 합니다. 야곱은 네 명의 아내를 두었습니다. 그 결과 자녀들은 그 네 아내들에게서 태어난 이복 형제들로 구성되었습니다. 따라서 야곱의 가족들은 각기 다른 기질과 성향을 지니고 있었습니다. 그러나 그들의 각기 다른 기질과 성향은 하나님의 말씀을 전하는 남편, 아버지 야곱 앞에서는 일사천리로 하나가 되는 모습을 볼 수 있습니다. 그들은 하나님이 부여하신 아버지의 권위를 인정하고, 그 권위 앞에 순종했습니다. 즉, 아버지의 말씀을 중심으로 하나가 되었습니다. 온 가족이 하나 되어 벧엘로 향하는 발걸음에는 다른 소리나 원망, 불평이 있을 수 없습니다. 거기에는 기쁨과 감사만이 있을 뿐입니다.

이와 같이 야곱의 가정이 하나님의 말씀 앞에 아름다운 반응을 보임으로 야곱의 가정은 다시 회복되어 다음과 같은 축복을 받습니다. 첫째, 하나님께서 함께해 주시는 복을 받습니다. 둘째, 하나님의 권위와 위엄을 얻게 됩니다. 셋째, 가나안 사람들이 야곱의 가족들을 해치지 못하도록 지켜주셨습니다.

사랑하는 성도 여러분! 여러분의 가정에도 하나님의 말씀 앞에 아름다운 반응을 보임으로써 야곱처럼 하나님의 크신 역사와 축복을 경험하고 더 성숙한 영적 단계로 발돋움 할 수 있기를 바랍니다.

영적 발돋움

15

영적 축복

창세기 35 : 9 - 15

영적 발돋움 15

영적 축복

창세기 35:9-15

들어가는 말

오늘은 스승의 주일이자 성령강림 주일입니다. 먼저 스승의 주일을 맞아 특별히 우리 교회 교회학교에서 수고하시는 모든 교사들에게 그 섬김과 수고에 진심으로 감사를 드립니다. 그리고 우리 다락방에서 수고하시는 순장님들에게도 깊은 감사를 드립니다. 가르치는 사역에 수고하시는 모든 분들에게 하나님의 은혜와 축복이 항상 넘치시기를 바랍니다. 동시에 성령강림 주일을 맞아서 오늘 이 예배에 참여한 모든 성도들에게 성령의 충만한 은혜가 넘쳐나기를 바랍니다.

사람들은 누구나 복을 받고 살기를 원합니다. 복을 싫어하는 사람은 이 세상에서 단 한 사람도 없습니다. 복이란 단어가 워낙 원시적이고 기복적인 이미지가 있어서 일부 경우에 따라서는 터부시되는 것도 사실이지만, 실제적으로 복은 누구나 받아 누리기를 원하는 것입니다. 복 있는 삶을 동경하는 것은 이 지구상에 존재하는 모든 사람들의 한결같은 마음일 것입니다. 그 무엇보다도 하나님이 우리에게 복 주시기를 원하시기 때문에 우리는 하나님의 말씀을 지킬 때 약속하신 복을 풍성히 받아 누려야 합니다.

어느 목사님이 설교 중에 과연 어떤 말에 성도들이 아멘을 가장 크게 외치는지 시험해 보았습니다. 그랬더니 목사님이 "하나님의 복을 받기를 바랍니다"라고 말할 때 성도들이 가장 크게 아멘으로 화답하더랍니다.

그렇다면 우리가 흔히 말하는 하나님의 복이란 구체적으로 무엇을 말하는 것일까요? 그것은 바로 하나님을 온전히 믿는 사람들에게 부어주시는 영적인 축복을 일컫는 것입니다. 세상 사람들이 흔히들 생각하는 눈에 보이는 표면적이고 물질적인 복이 아니라 전능하신 하나님의 영으로서 하나님의 백성들에게 임재하시는 영적인 복, 바로 그것입니다. 이 세상을 살아가면서 어떤 상황에 처하더라도 심령에 기쁨과 평안을 상실하지 않고 누리면서 살 수 있다면 이것보다 더 귀중한 복된 삶은 없습니다. 이 영적 축복은 믿음 생활을 잘 영위해 나가는 데 있어서 절대적으로 필요한 복입니다. 그래서 우리는 이러한 복을 반드시 받아야 합니다.

하나님의 사람 야곱은 하나님께서 주시는 그 영적인 축복을 받은 대표적인 사람이라고 할 수 있습니다. 따라서 오늘은 야곱이 이런 영적인 복을 어떻게 받을 수 있었는지에 대해서 말씀을 통해 은혜를 나누고자 합니다.

1. 벧엘에서 야곱에게 주신 축복

야곱은 밧단아람에서 이십 년, 세겜에서 십 년의 시간을 보내고, 결국 삼십 년 만에 벧엘에 도착하게 됩니다. 그곳에 도착하기까지 야곱은 자신의 굴곡진 인생과 마주해야 했으며, 그 안에서 갖가지 인생의 우여곡절을 겪어야만 했습니다. 이제는 자신의 모든 것을 뒤로 하고 하나님 한 분만을 의지한 채 말씀에 순종하여 벧엘에 올라왔습니다. 그동안 겪었던 세월의 흔적을 뒤로 하고 벧엘에 도착한 야곱과 그의 가족들은 만감이 교차함을 느꼈을 것입니다.

먼저, 하나님께서 오랜 시간을 자신들과 함께 하시며, 여기까지 인도해 주신 하나님의 은혜에 감사와 감격이 있었을 것입니다. 즉, 그동안 세상 가운데서 입은 수많은 상처와 아픔으로 인해 고통스럽고 힘든 시간을 보내었으나, 그 과정 가운데서도 하나님은 자신들을 떠나지 않으시고 위로와 격려로 함께하셔서 지금 여기까지 인도하셨다는 생각에 하나님을 향한 벅찬 감격이 가시지 않았을 것입니다. 따라서 그들은 자신들을 인도하신 하나님께 드리는 감사의 표현으로 벧엘에 도착하자마자 하나님께 먼저 단을 쌓고 제사를 드립니다.

반대로 이들을 보시는 하나님의 입장에서는 자신의 말씀에 순종해 벧엘에 도착해 감격과 감사로 단을 쌓고 제사를 드리는 이들의 모습을 통해서 하나님은 큰 기쁨과 영광을 받으셨습니다. 큰 기쁨과 영광을 받으신 하나님께서는 결국 야곱에게 다시 나타나시고 야곱에게 복을 주십니다.

사랑하는 성도 여러분! 하나님께서는 마음과 정성을 다하여 하나님 앞에 나아와 예배하고 경배하는 자들로 인해 기뻐하시고 영광 받으십니다. 하나님은 그러한 자들을 축복하시기를 원하고 계십니다.

2. 야곱에게 복을 주신 이유

그런데 여기서 하나님께서 야곱에게 나타나시고 그에게 복을 주시는 데에는 합당한 이유가 있습니다. 첫째, 하나님이 복의 근원이시라는 것을 보여주시고자 그렇게 하신 것입니다. 하나님은 세상과 우주 만물을 창조하신 창조주 하나님이십니다. 그래서 천지만물의 주인으로서 모든 것을 주관하시며 통치하십니다. 그래서 세상의 모든 복은 하나님의 주관 하에 놓여있습니다. 복은 하나님이 주실 때 진정한 복이 됩니다. 복은 하나님으로부터 나오기 때문입니다.

둘째, 하나님이 하신 약속 때문입니다. 하나님은 자신이 하신 약속은 반드시 이루시는 신실하신 분이십니다. 하나님은 삼십 년 전, 야곱에게 일방적으로 나타나셔서 복을 주겠다는 약속을 하셨습니다. 특별히 땅의 모든 족속이 야곱으로 말미암아서 복을 받을 것이고, 조부 아브라함의 복과 아버지 이삭의 복을 야곱에게 주겠다고 약속하셨습니다. 그 약속이 있은 지 삼십 년이 지난 오늘 하나님은 야곱을 다시 벧엘로 인도하시고 야곱에게 복을 주심으로 약속하신 것은 반드시 이루시는 하나님의 신실하심을 확실히 보여주고 있습니다.

셋째, 야곱을 축복의 통로로 삼으시기 위함입니다. 하나님께서는 이미 삼십 년 전에 세상의 모든 족속이 야곱으로 말미암아서 복을 받으리라는 약속을 야곱에게 해주셨습니다. 야곱을 통해 모든 인류에게 복을 나누어 주고시자 하는 하나님의 원대한 계획이 있었던 것입니다. 축복의 통로가 되기 위해서는 그 통로의 역할을 하는 야곱이 먼저 하나님의 복을 받아야 합니다. 그러므로 하나님이 야곱에게 큰 복을 허락하신 것입니다. 하나님의 축복의 통로로 쓰임 받기 위해서는 그 통로의 역할을 하는 자가 먼저 복을 받아야 함은 어찌 보면 당연한 것입니다. 본인이 복을 받지 못했는데 어찌 타인을 축복하는 통로 역할을 할 수 있겠습니까? 요셉을 보십시오. 그가 복을 받았기에 그를 통해서 많은 사람들이 복을 받을 수 있었습니다. 그는 하나님이 주신 복으로 애굽의 총리가 되어 자신의 집뿐만 아니라 애굽과 더 나아가 모든 열국들에게 큰 축복의 통로가 되었습니다.

다윗은 어떻습니까? 그는 하나님의 큰 사랑을 받고 놀라운 복을 받은 사람의 대표자였습니다. 그는 들판에서 양을 치는 목동에 불과했지만 하나님을 경외하는 그를 축복하셔서 이스라엘의 왕으로 삼아 하나님의 나라를 위해 사용하셨습니다. 그는 실로 하나님이 주신 복을 누리면서 이스라엘 백성들에게 큰 축복의 통로가 된 것입니다.

　우리를 죄와 죽음에서 건지신 예수님도 모든 민족과 백성들에게 큰 축복의 통로가 된 것을 보게 됩니다. 그래서 그를 믿는 자는 누구든지 하나님의 자녀가 되어 복을 받게 됩니다.

　마지막으로, 하나님은 자신의 백성에게 복을 주시기를 원하시기 때문입니다. 그 어떤 이유보다도 야곱은 하나님이 사랑하시는 하나님의 백성이었기 때문에 하나님은 그를 복주기를 원하셨습니다. 하나님은 자신의 백성 한 사람 한 사람을 특별히 여기시며, 그들에게 하나님의 특별한 복을 주시기를 원하십니다. 그 결과 약속의 하나님께서 야곱에게 복을 주셨습니다.

3. 하나님의 영적 축복

　하나님께서 야곱에게 네 가지의 축복의 말씀을 선포하십니다. 첫째, 이름의 축복을 주셨습니다. 이제부터는 이름을 야곱이라고 부르지 않겠고 이스라엘로 부르시겠다고 하시며, 직접 야곱의 이름을 이스라엘로 불러주셨습니다. 야곱이 이전에 얍복 강가에서 하나님의 사자와 씨름을 했을 때에 하나님은 야곱에게 이스라엘이라는 새로운 이름을 주셨습니다. 그러나 야곱은 세겜에서 사는 동안 하나님이 새롭게 주신 이름인 하나님을 의지하는 이스라엘로 살지 않고 자신의 잔꾀로 사는 야곱으로 살았습니다. 그런 그를 벧엘로 인도하신 하나님은 야곱에게 나타나셔서 이전에 얍복 강가에서 주신 이스라엘이라는 이름을 다시 주십니다. 이것은 야곱이 이제부터는 이전의 야곱의 모습으로 살지 말고 새롭게 변화된 이스라엘로 살라는 하나님의 뜻이 담겨 있습니다. 즉, 이제부터는 형의 장자권을 빼앗는 것을 서슴지 않고 범할 정도로 수단과 방법을 가리지 않고 자신의 욕심과 욕구만을 채우기 위해 살아왔던 지난날의 야곱의 모습은 벗어버리고 하나님의 복을 받은 자로서 하나님의 복을 받은 자답게 살라는 하나님의 깊은 의도가 담겨 있습니다. 하나님만이 야곱, 즉, 이스라엘의 인생의 주인이시오, 인도자가 되신다는 것입니다.

둘째, 생육하고 번성하라는 복을 주셨습니다. 야곱의 당대와 후대가 번성하고 번창할 수 있도록 복을 주신 것입니다. 하나님이 주시는 많은 복들이 있겠지만, 그 중에서도 후손이 번창하고 열매 맺는 복은 그 어떤 복보다도 큰 복인 것입니다. 여기에는 영적인 자손들이 번성하게 되리라는 의미가 담겨 있습니다.

결국 이스라엘은 야곱의 자녀들을 통하여 열두 지파를 형성하며 하나님의 백성으로서의 위치를 차지하게 됩니다. 하나님이 야곱을 통하여 허락하신 생육하고 번성한 복을 그 후세를 통하여 받게 된 것입니다.

셋째, 왕들이 야곱을 통해 나게 되는 복을 주셨습니다. 야곱의 가문이 왕의 가문이 되게 해주시겠다고 하십니다. 실제로 야곱의 후손들이 왕이 되었습니다. 야곱의 열두 번째 아들 베냐민의 후손인 사울은 이스라엘의 초대 왕이 되었으며, 이스라엘의 가장 위대한 왕으로 불리는 다윗 왕은 야곱의 넷째 아들인 유다의 후손입니다. 게다가 온 우주의 통치자시이며 온 인류의 왕이신 예수님도 유다의 후손으로 이 땅에 오셔서 인류 구원이라는 큰 역사를 이루셨습니다.

넷째, 가나안 땅을 차지하는 복을 주셨습니다. 조부 아브라함과 아버지 이삭에게 주셨던 땅을 야곱과 그 후손에 이르기까지 주시겠다고 약속하셨습니다. 하나님은 아브라함과 이삭에게 허락하셨던 약속의 땅 가나안을 야곱과 그 후손에게도 주신다고 하신 것은 조부 아브라함의 하나님, 아버지 이삭의 하나님이 야곱과 그 후손에게도 동일한 하나님의 백성으로, 언약의 백성으로 살게 하시겠다는 것입니다.

사랑하는 성도 여러분! 우리는 영원하신 하나님의 약속의 나라, 저 천국을 바라보고 살아가고 있습니다. 우리는 이 땅의 나그네로서 천국을 소망하며 살아가는 자들입니다. 이 세상은 잠깐 있다 사라지는 그림자일 뿐입니다. 그러므로 현실이 아무리 힘들고 어렵더라도 하나님의 약속의 땅, 저 천국을 소망하시며 살아가시는 여러분이 되시기를 바랍니다.

이러한 하나님의 축복의 말씀을 받은 야곱은 하나님께 제사를 올립니다. 하나님이 야곱에게 말씀하셨던 바로 그곳에 돌기둥을 세우고, 그 위에 전제의 물을 붓고, 또 그 위에 기름을 붓습니다. 이러한 야곱의 행위는 자신을 인도하시고 축복하신 하나님께 대한 감사와 동시에 그 하나님에 대한 헌신을 다짐하는 행위인 것입니다.

야곱은 지난 삼십 년 동안 자신이 살아온 인생을 돌아보며 온 마음과 정성을 다하여 감사했습니다. 밧단아람에서 살아온 이십 년의 세월이 모두 하나님의 은혜였습니다. 이후 세겜에서의 십 년도 전적으로 하나님의 은혜와 역사하심이 있었던 시간들이었습니다. 이제 다시 벧엘로 인도하셔서 자신을 새롭게 하시고 축복하신 하나님의 은혜에 감격하고 감사하지 않을 수 없었습니다. 그래서 이제껏 자신이 살아온 지난날들이 전적으로 하나님의 은혜였음을 자각한 야곱은 헌신을 다짐합니다. '지난 세월 동안은 자신을 위하여 살아왔다면, 이제는 하나님을 위하여 살겠으며, 하나님께 기쁨과 영광을 위하여 살겠습니다'라는 굳은 결심을 하게 됩니다.

사랑하는 성도 여러분! 우리가 산 인생을 회고해 볼 때 오직 하나님의 은혜의 시간이었다고 고백하지 않을 수 없습니다. 참으로 우리는 하나님의 은혜와 복을 많이 받은 사람 아닙니까? 지난 시간들을 되돌아보며 하나님의 은혜를 헤아려 보시기 바랍니다. 아마 셀 수 없을 만큼 많을 것입니다. 우리가 지나온 모든 세월들은 모두 하나님의 은혜였으며, 하나님의 축복이었음을 고백하지 않을 수 없습니다.

오늘 말씀을 보니까 야곱은 하나님이 말씀하신 그 자리에서 제사를 드리며 자신이 살아온 지난 세월동안 은혜와 축복으로 인도하신 하나님께 감사하고 헌신을 다짐하는 모습을 볼 수 있습니다. 하나님의 은혜를 받고 축복을 받은 자들의 모습은 이런 모습이어야 합니다. 예배 가운데 하나님이 주신 은혜와 축복에 감사와 감격이 넘쳐야 합니다. 또한 감사와 감격으로만 그칠 것이 아니라 하나님을 향한 헌신으로 이어져야 합니다. 그 헌신의 구체적인 표현이 바로 하나님 사랑과 이웃 사랑입니다. 하나님으로부터 영적 축복을 많이 받은 자들은 주신 축복에 대한 감사를 넘어, 하나님과 이웃을 위해 헌신하는 자리까지 나아가야 합니다.

적용

사랑하는 성도 여러분! 여러분도 야곱에게 주신 그 영적인 축복을 삶 가운데서 경험하며 사는 여러분이 되시기를 바랍니다. 그렇다면 하나님이 주시는 영적인 축복을 받아 누리는 삶을 살기 위해서는 어떻게 해야 할까요? 첫째, 복의 근원되시는 하나님을 신뢰하는 신실함이 있어야 합니다. 진정한 복은 하나님께서 주실 때 받는 것입니다. 우리가 지금까지 살아온 것도 하나님의 은혜로 말미암은 것이었습니다. 앞으로도 하나님은 내 인생에, 우리의 가정에, 우리의 교회에 하나님의 넘치는 복을 쏟아 부어주실 것이라는 이러한 믿음으로 늘 살아야 하는 것입니다.

때때로 우리는 다른 사람들과 비교해서 이러한 의문을 품기도 합니다. "하나님은 나에게 복을 주시지 않은 것 같아. 하나님께서 나에게 복을 주신다면 어째서 내 생활이 이렇게도 풀리지 않고 점점 더 꼬여만 간단 말인가?" 이런 생각으로 현실의 삶 가운데서 낙심하고 좌절하고 절망 가운데 빠질 때가 많은 것을 보게 됩니다. 그러나 이러한 반응은 불신앙적인 모습입니다. 어둠의 세력들이 교묘히 우리에게 하나님에 대한 의심을 품게 해 믿음의 근간을 흔들고 있습니다. 이러한 불신앙적인 생각이 다가올 때, 우리는 단호히 이것을 뿌리치고 물리쳐야 합니다. 어떠한 경우에라도 하나님에 대한 확고한 믿음과 확신을 우리 마음 가운데서 거두지 말아야 합니다.

둘째, 하나님께 주실 복을 사모해야 합니다. 특별히 영적인 복을 사모해야 합니다. 야곱은 세겜에서 인생의 쓰디쓴 실패를 경험하고 난 이후에 내 힘으로 내 능력으로 되는 것이 아무것도 없다는 것을 더욱 절실하게 깨닫게 됩니다. 이에 그는 인생 가운데서 크고 작은 일에 친히 개입하시고 간섭하셔서 인도하시는 하나님의 복을 간절히 사모하게 됩니다. 하나님의 복에 대한 간절한 사모는 하나님이 벧엘로 가라고 말씀하실 때에 속히 그 말씀을 따라 벧엘로 향하게 하는 원동력이 되었습니다. 복을 사모하니 하나님의 풍성한 영적 축복을 얻게 된 것입니다.

셋째, 복을 담을 그릇을 준비해야 합니다. 아무리 하나님께서 우리에게 복을 주셔도 그것을 받을 그릇이 준비되지 못한다면, 그 복은 무의미한 것이 되고 맙니다. 하나님이 주시는 복을 담을 수가 없기 때문입니다. 그러므로 우리는 하나님이 주시는 복을 받기 위해서는 먼저 영적인 그릇을 준비해야 합니다. 즉, 마음의 그릇을 준비해야 합니다. 관계의 그릇을 준비해야 합니다. 간직하고 유지할 수 있는 그릇을 준비해야 할 줄로 믿습니다.

영적 발돋움
16

영적 사랑

창세기 35:16-21

영적 발돋움 16
영적 사랑
창세기 35:16-21

들어가는 말

세계적인 기독교 변증가인 라비 재커라이어스(Ravi Zacharias)라는 분이 있습니다. 지난주 우리나라를 방한해 기자들과 간담회를 가졌습니다. 그때 나온 질문 중에 "오늘날 기독교인과 교회가 추락했다고 염려하는데 회복의 비결이 무엇이겠습니까?"라는 질문에, 그는 "다른 많은 회복의 비결이 있겠지만, 그중에서도 가장 중요한 것은 사랑이라고 했습니다. 위로는 하나님을 사랑하고 아래로는 우리의 이웃을 사랑하는 것"이라고 말했습니다. 그리고 "복음의 핵심이 사랑이므로 그 사랑이 회복되면 교회도 기독교도 모두 회복의 역사가 일어날 것이며"라고 답했습니다.

교회의 성장과 회복에 사랑이 얼마만큼 중요한지를 잘 설명한 말이라 할 수 있습니다. 우리 교회가 사랑이 넘치는 교회가 되어 성장하고 회복되는 역사가 이루어지는 교회가 되기를 바랍니다.

사람은 혼자 살 수 없습니다. 사람이 살아가기 위해서는 누군가와 교제를 형성해야 하고 연대를 이루어야 하며, 형성된 사회 시스템 내에서의 삶을 살아가야 합니다. 그래서 사람은 사회적 동물이라고 합니다. 이러한 사회적 인간이 이 사회에서 함께 더불어 살아가기 위해서 꼭 필요한 것이 있습니다. 그것은 인간이 여타 사람들과 살아가는 가장 기본적인 요체가 됩니다. 그것이 바로 사랑입니다. 그러므로 예수님도 이 땅에 오셔서 공생애를 시작하실 때, 서로 사랑할 것을 강조하셨고, 율법의 완성이 바로 사랑이라고 말씀하셨습니다. 바울도 믿음, 소망, 사랑 중에 가장 귀한 것이 사랑이라고 역설했습니다.

그러므로 사랑은 우리가 삶을 살아가는 데 있어서 가장 근본적이고도 필수적인 요소라고 할 수 있습니다. 우리가 이 땅에 태어난 것도 사랑의 결과에 의한 것이며, 부모님을 비롯한 누군가의 사랑이 있었기에 이만큼 성장하고 장성할 수 있었습니다. 오늘 우리가 여기에 있는 것도 사랑이 있기에 가능한 것입니다. 그러므로 사람이 살아가는 데 있어서 사랑을 빼버리면 아무것도 남지 않습니다. 사랑이 제일 중요합니다.

1. 한계를 지닌 인간의 사랑

그런데 문제는 인간의 사랑에는 한계가 있습니다. 인간의 사랑은 시간과 상황에 따라 변하고 변질된다는 것입니다. 그 변하는 사랑의 대표적인 예는 남녀 간의 사랑일 것입니다. 열렬히 사랑했던 연인으로서 사랑의 결실로 부부의 연을 맺었으나, 영원할 것 같은 그 사랑이 지금은 온데간데없고 남남보다 못한 사이로 지내는 부부들을 우리는 적잖이 볼 수 있습니다. 세상은 점점 사랑이 식어집니다. 신문지상을 보면 세상의 종말이 가깝지 않았나 싶을 정도로 입에 담기조차 끔찍한 일들이 자행되고 있습니다. 자식이 부모를, 부모가 자식을 괴롭히고, 심지어는 상대에게 극단적인 행위들을 서슴지 않는 모습들을 볼 때에 참담함을 금할 수가 없습니다. 사랑이 없는 곳에 인간의 상식을 뛰어넘는 파괴가 자행되고 있음을 목도하게 됩니다.

그렇다면 사랑이 식어진 이유는 무엇일까요? 그것은 인간의 사랑은 대가 없이 주는 온전하고 순전한 사랑이 아닌 상대적이고 계산적이며 자기중심적인 사랑을 하기 때문입니다. 자기중심적인 타락한 죄성을 가지고 태어난 인간은 그 사랑마저도 자신의 악한 습성에 따라 변질시키며, 타락으로 몰고 갑니다. 그러므로 인간의 사랑은 아름다워 보이나 그것 자체로 완전할 수 없으며, 변화무쌍하기 그지없습니다.

2. 영원하신 하나님의 사랑

그러나 우리를 향한 하나님의 사랑은 이러한 인간의 사랑과는 차원이 다른 사랑입니다. 변함없으시며, 무한하시고, 영원하시고, 온전하신 사랑입니다. 어제나 오늘이나 영원토록 동일하신 하나님께서 언제나 변치 않는 동일한 사랑으로 영원히 우리와 함께합니다. 하나님은 사랑이십니다. 하나님 자체가 사랑의 결정체이시므로 우리가 하나님 안에 거할 때, 우리는 동시에 하나님의 그 영원하시며 변치 않는 사랑 안에 거하게 됩니다.

하나님은 우리를 향한 당신의 사랑을 그의 아들 예수 그리스도를 통해 확증해 보여주셨습니다. 인간에 대한 하나님의 사랑은 인간이 가진 생각과 상식을 뛰어넘는 것으로서 감히 인간으로서는 할 수도 없고 흉내 낼 수도 없는 사랑입니다. 독생자 예수를 낮고 낮은 이 땅에 보내셔서 이 땅에서도 인간이 겪을 수 있는 온갖 고난의 삶을 살게 하시다가, 급기야는 인간의 대속제물로서 가장 극악한 형벌인 십자가에서 몸 찢기시고 피 흘리는 고통을 친히 감당하시기까지 우리 인간을 사랑하셨습니다. 누군가가 나를 사랑한다고 한들 예수님의 몸을 찢고 피 흘리기까지 사랑하신 그 사랑에 감히 비교하겠습니까? 하나님의 이 대속의 사랑은 진정한 사랑의 절정을 보여준 사랑이었습니다.

예수님은 우리의 죄를 대신해 십자가에서 죽으셨으나 하나님은 예수님을 다시 부활케 하셨으며, 그 예수님은 지금도 하나님의 보좌 우편에서 우리를 위하여 중보하시며 기도하고 계십니다. 그리고 보혜사 성령님을 보내셔서 사랑으로 끊임없이 우리를 도우시며 인도해 주십니다.

하나님이 우리에게 베푸신 사랑은 우리를 향한 절대적인 사랑이었습니다. 이 사랑을 우리는 영적 사랑이라 할 수 있습니다. 이 영적 사랑은 하나님이 사랑하시는 백성들에게 주시는 특별한 사랑입니다.

3. 야곱의 영적 사랑

하나님의 영적 사랑을 그림자로서 보여준 대표적인 인물이 야곱입니다. 야곱은 아내 라헬을 처음 보는 순간부터 사랑했으며, 결혼 이후에도 변함없는 마음으로 아내 라헬을 사랑해서 그녀가 죽음을 맞는 그 순간까지 사랑의 동반자가 되어 주었습니다. 야곱은 실로 하나님의 사랑을 그림자로 보여주었습니다.

라헬은 야곱이 외삼촌 라반이 살고 있는 밧단아람에 도착했을 당시 처음으로 만났던 여인으로서 야곱은 처음 본 라헬에게 마음이 끌렸습니다. 이후부터 야곱은 라헬에게 연정의 마음을 품었습니다. 야곱은 사랑하는 여인, 라헬을 자신의 아내로 얻은 결과로 십 사년의 세월을 마치 수일처럼 여기며 열심히 라반에게 봉사했습니다. 라헬만 얻을 수 있다면 다른 것은 문제가 되지 않았습니다. 그 긴 시간이 지나면서도 그가 라헬을 사랑하는 마음에는 조금도 변함이 없습니다. 다른 것은 생각할 여지도, 보이지도 않습니다. 오직 라헬만이 그의 전부였습니다. 라헬에 대한 사랑의 마음이 없었더라면 그리 긴 시간을 아무 대가 없이 수일처럼 일하기란 어려웠을 것입니다.

야곱은 모두 네 명의 아내를 두었으나, 라헬에 대한 사랑의 마음은 변하지 않았습니다. 네 아내들 중 라헬을 가장 사랑했으며, 그녀의 소생인 요셉을 가장 사랑했습니다. 형 에서와 대치 중에도 라헬과 그녀의 소생 요셉을 가장 뒤로 세워 혹시 모를 에서의 위협으로부터 지키려 했습니다. 라헬에 대한 지극한 사랑이 세월의 흐름 가운데서도 변함없이 유지되고 있음을 보여주는 장면입니다.

야곱이 이처럼 라헬을 사랑한 것에는 하나님의 야곱을 향한 특별한 계획이 있음을 우리는 말씀을 통해서 확인할 수 있습니다. 야곱은 에서를 피해 외삼촌의 집 밧단아람으로 도망치다시피 왔습니다. 그러니 그 마음에는 현실에 대한 두려움과 혼란스러움으로 가득했을 것입니다. 그러한 시기에 그때 그의 마음을 사로잡은 한 여인을 만났으니 그녀가 바로 라헬입니다. 야곱은 낯선 타향살이의 서러움과 고생을 라헬로 인해 극복하고 이길 수 있었습니다. 힘든 중에서도 라헬을 보면 힘이 났고, 고난 중에서도 라헬을 통해 웃을 수 있었습니다. 이에 라헬로 인한 야곱의 사랑은 점점 깊어져 라헬, 그녀가 없이는 아무것도 할 수 없을 것 같았습니다. 그러한 라헬에 대한 사랑이 있었기에 야곱은 다른 아무런 대가 없이 그녀를 아내로 얻은 것 때문에 무려 십사 년의 시간을 앞만 보고 일을 할 수 있었던 것입니다.

하나님은 이렇게 도망치듯 고향을 떠나 밧단아람에 온 야곱이 라헬을 통해서 그 땅에서 온전히 정착함으로 하나님의 사람으로 다듬

어지는 과정을 가지게 했습니다. 즉, 그곳에서 라헬을 만나게 해주심으로써 그곳에서의 시험과 연단의 과정을 잘 통과할 수 있도록 해주셨습니다. 라헬과의 사랑으로 인해서 야곱이 그곳에서 십사 년에 걸친 고난과 연단의 과정을 잘 통과하였습니다. 야곱의 주변에 벌어진 온갖 시련을 잘 감당할 수 있게 해준 원동력은 바로 라헬이었습니다.

이처럼 하나님은 라헬을 통해 야곱이 오랜 시간 동안의 밧단아람에서의 고난과 시련을 잘 견디게 함으로써 야곱을 새로운 이스라엘로 만드시려는 하나님의 계획을 하나하나 진행해 나가십니다. 즉, 야곱과 라헬의 만남은 야곱에 대한 하나님의 계획을 이루시려는 하나님의 특별한 섭리였습니다. 이렇듯 라헬과의 만남이 하나님의 섭리와 계획 가운데 이루어진 것이기에 야곱에게 있어서 라헬은 누구보다도 자신의 마음 깊숙이 각인된 사람이었습니다. 인생에서 라헬을 제외하고는 아무것도 생각할 수 없을 정도로 강렬하게 그녀가 야곱의 마음을 차지하고 있었습니다. 이렇게 강렬하게 야곱의 마음에 깊이 각인된 라헬에 대한 사랑은 이제는 어느 누구도, 어떠한 환경 가운데서도 빼어낼 수 없는 것이 되어 버렸습니다. 이미 라헬은 야곱의 마음 깊은 곳에 자리 잡고 있기 때문입니다. 이로써 라헬은 자신의 전 인생에 걸쳐 야곱이라는 한 남자의 변함없는 사랑을 받은 행복한 여인이 되었습니다.

이렇게 우리는 한 여인을 향한 변하지 않는 사랑을 보면서 하나님이 우리를 사랑하시는 그 사랑의 모형을 볼 수 있습니다. 즉, 우리는 평생을 변치 않는 마음으로 라헬을 사랑한 야곱을 통해서 영적 사랑의 그림자를 볼 수 있습니다.

사랑하는 성도 여러분! 여러분은 어떠한 사랑을 하고 있습니까? 조건적인 사랑입니까, 아니면 무조건적인 사랑입니까? 이기적인 사랑입니까, 아니면 이타적인 사랑입니까? 계산적인 사랑입니까? 아니면 순수한 사랑입니까? 우리는 야곱의 영적 사랑을 보면서 우리의 사랑은 어떤 것인지 깊이 생각해 보아야 할 것입니다.

안타깝게도 세상의 많은 사람들은 야곱의 영적 사랑보다는 계산적이고, 이기적이고, 상대적이고, 조건적인 사랑을 많이 합니다. 그래서 내가 상대에게 사랑을 준만큼 그 상대가 나에게 사랑을 주지 않는다고 생각되면, 그것으로 인해 분쟁과 갈등이 일어나고, 심지어는 극단적인 악한 일들까지 일어나는 경우를 우리는 종종 볼 수 있습니다.

그러나 우리 하나님의 백성들은 달라야 합니다. 조건 없는 무조건적인 사랑, 이타적인 사랑, 계산하지 않는 순수한 사랑을 하시는 여러분이 되시기 바랍니다. 왜냐하면 우리는 모두 우리를 위해 독생자도 아낌없이 내어주는 하나님의 측량할 수 없는 큰 사랑을 입은 사람들이기 때문입니다. 하나님께 받은 사랑이 크기에 이 땅을 살면서 네 이웃을 사랑하라는 사랑의 실천의 명령을 따라 영적 사랑을 행하며 사는 하나님의 백성이 다 되시기를 바랍니다.

적용

그러면 우리가 늘 이러한 영적 사랑을 실천하기 위해서는 어떻게 해야 할까요? 첫째, 우리는 하나님의 사랑을 늘 기억해야 합니다. 결코 그 사랑을 잊어서는 안 됩니다. 생각해 보십시오. 우리는 하나님의 헤아릴 수 없고 측량할 수 없는 사랑을 받은 자들입니다. 그러나 우리는 사실 하나님의 사랑을 받을만한 자격이나 조건을 갖춘 자들이 아닙니다. 우리는 모두 마음에 생각하는 것이나 행위들이 모두 악한 것뿐인 죄인이었습니다. 그러므로 형벌을 받아 죽어야만 마땅한 자들이었습니다. 죄로 말미암아 하나님의 심판을 받아 멸망 받아 마땅한 자들이었습니다. 따라서 사실상 아무런 희망도 소망도 없던 그러한 자들이었습니다.

그런데 하나님은 큰 사랑으로 죽을 수밖에 없는 우리를 심판과 멸망에서 건지시고 영원한 생명을 주시기 위해, 독생자 예수님을 이 땅에 보내주셔서, 십자가에서 살 찢기고 피 흘림의 고통스런 죽음을 통하여 우리의 죄를 속하여 주시고 우리에게 영생을 값없이 선물로 주셨습니다. 그러므로 이제 우리는 더 이상 죄인이 아닙니다. 예수님의 십자가의 대속의 죽음으로 말미암아 죄에서 깨끗함을 입은 하나님의 자녀들이 되었기 때문입니다. 우리는 이 십자가의 사랑을 통해서 이전에 소망 없던 자에서 천국의 소망을 가지고 사는 천국 백성이 된 것입니다. 이 얼마나 큰 하나님의 사랑입니까? "그 크신 하나님의 사랑 말로다 형용 못 하네"라고 노래하는 찬송이 있습니다. 그렇습니다. 우리를 향한 하나님의 사랑은 세상의 그 어떤 것으로도 비교할 수 없이 크고도 넓고도 깊기 때문에, 한계를 지닌 인간의 말로는 그것을 표현할 수도, 형용할 수도 없는 것입니다. 우리를 위하여 아들을 십자가의 고통 가운데 내어주신 하나님의 사랑은 영적 사랑의 최고의 정점을 보여주신 것입니다. 그러므로 우리를 대속하신 이 십자가의 사랑을 기억한다면 우리도 세상의 모든 것을 사랑으로 품을 수 있을 것입니다.

사랑하는 성도 여러분! 우리를 향한 하나님의 크고 깊고 넓은 사랑을 깊이 생각하면서 모든 사람들을 사랑하시기를 바랍니다.

둘째, 나와 관계된 모든 대상들은 하나님이 선물로 주신 자들이라는 인식이 있어야 합니다. 부부로 만나 하나의 가정을 일구며 살아가는 배우자, 자녀, 부모, 친구, 제자와 선생님 등, 우리는 인생을 살아가면서 많은 사람들과 관계를 맺고, 그 관계 안에서 사람들과 사귐을 갖게 됩니다. 여기서 중요한 것은 이러한 관계를 통해서 만나게 되는 대상들이 결코 우연으로 만나고 우연으로 형성된 관계가 아니라는 것입니다. 어찌어찌하다 보니 부부가 되고 가족의 구성원이 되며, 우연히 관계를 맺어 알게 되고 친분을 맺은 사이가 아니라는 것입니다. 이들은 하나님의 분명한 계획하심 가운데 하나님이 나에게 주신 귀한 선물들입니다. 그러므로 우리는 하나님의 주신 선물인 나를 둘러싼 모든 사람들을 사랑의 대상으로 여기고 사랑하며 귀히 여겨야 할 것입니다.

셋째, 영적 사랑을 하는 것이 하나님의 역사를 이루는 것이라는 인식이 있어야 합니다. 야곱은 라헬과의 사랑의 결실로 두 아들 요셉과 베냐민을 얻었습니다. 후일에 요셉은 애굽의 총리가 되어 애굽을 비롯한 그 주변 지역들이 기근으로 죽을 수밖에 없는 위기 상황에 처했을 때, 아버지 야곱을 비롯한 자신의 전 가족을 죽음의 위기에서 건져내 하나님이 후손의 번성을 이루게 해주시겠다는 하나님의 약속을 이루게 하는 데에 존귀하게 쓰임을 받습니다. 즉, 요셉을 통해 야곱의 형제들이 생명을 얻게 됨으로써 하나님이 약속하신 '야곱으로 인해 자손이 번성하고 그 자손을 통해 왕이 나오리라'는 약속의 말씀이 이루어지는 데에 큰 역할을 담당하게 됩니다. 하나님의 놀라운 역사가 영적 사랑의 결실인 요셉을 통해 이루어지는 것을 볼 수 있습니다.

사랑하는 성도 여러분! 우리 교회 공동체 안에서도 지체들 간의 영적 사랑을 통하여 하나님의 놀라운 역사가 일어나는 것을 보게 됩니다. 영적인 사랑이 있는 곳에 하나님의 역사가 일어나며, 하나님의 기적이 일어납니다. 우리 교회는 지난 이십 년 동안 성도들 서로 간에 영적 사랑을 행하며 하나님 안에서의 아름다운 교제를 이루며 지내왔습니다. 앞으로도 하나님 안에서의 친밀한 교제를 통해 하나님의 사랑을 듬뿍 받아 영적으로 사랑하는 그 사랑의 마음이 더 깊어짐으로 더욱 하나님의 역사를 이루고, 기적을 체험하는 영적 발돋움을 더해가는 은혜가 있기를 바랍니다.

영적 발돋움

17

영적 인도

창세기 46 : 1 - 7

영적 발돋움 17
영적 인도
창세기 46:1-7

들어가는 말

우리가 세상 가운데서 인생길을 걸어가다 보면 크고 작은 여러 가지 일들을 접하게 됩니다. 그 중에는 기쁘고 행복한 일을 접하기도 하고, 반대로 말 못할 고통과 고난 가운데 처하게 되는 가슴시린 일을 접하기도 합니다. 이와 같은 인생의 굴곡은 믿음 생활을 하는 우리들에게도 다르지 않습니다. 하나님은 우리를 인도하실 때 평탄하고 안정된 가운데 형통의 길로 인도하시기도 하지만, 이와는 반대로 인생의 무거운 짐을 지고 너무나 힘들고 고통스러운 길로 인도하시기도 하십니다. 때로는 원수의 목전으로 인도하시기도 하시고, 때로는 사망의 음침한 골짜기로 인도하시기도 하는 등, 참으로 예측할 수 없는 험악한 인생길로 인도하실 때가 있습니다. 그러나 그 모든 시험에도 전능하신 하나님의 능력을 의지하면 모든 문제는 다 해결 받을 수 있습니다.

인생길이 평탄하여 원하고 소원하던 일이 이루어지고, 하던 일이 잘되고 성공을 하게 되는 등, 형통의 길로 인도하실 때에는 하나님의 인도하심과 도우심에 기뻐하고 감사하면 됩니다.

그런데 문제는 해결하기 어려운 고난을 만났을 때입니다. 우리가 믿음의 생활을 하면서도 예기치 않게 찾아오는 여러 가지 고난은 피할 수가 없으나, 그 고난에 대처하는 우리의 태도와 자세는 얼마든지 하나님 보시기에 받으실 만한 긍정적이고 올바른 모습으로 변화될 수 있는 것입니다.

세상의 많은 사람들은 인생의 고난을 만났을 때, 고통에 몸부림치고 괴로워하는 것을 보게 됩니다. 많은 사람들은 이러한 고난을 만나게 되면 처음에는 당황스러워 하다가 그 고난의 시간이 길어지게 되면 좌절과 절망감에 싸이게 되고, 심지어는 공포와 두려움에 떨다가 절망하여 자살을 하기도 합니다. 세상이 다 끝난 것처럼 한숨과 한탄 속에서 타인과 환경에 대한 비난과 원망만을 일삼다가, 심지어 자신의 인생의 무게를 이기지 못하고 결국 극단적인 선택을 하는 이들도 종종 보게 됩니다.

그렇다면 하나님의 백성들인 우리들은 인생의 고난을 만났을 때, 그 고난을 어떻게 받아들이고, 고난에 대처해야 할까요? 우리는 야곱의 삶을 통해서 인생의 고난의 때에 어떻게 대처해야 하는지에 대해 살펴보고 은혜를 나누고자 합니다.

1. 야곱이 고향 땅에서 만난 새로운 고난

야곱은 고향 땅을 떠난 지 삼십 년 만에 아버지 집으로 돌아와 헤브론 지역에서 정착하며 살아갑니다. 그곳에서 아버지 이삭의 장례를 치루고 이삭의 대를 이어 영적 조상으로 살아가게 됩니다. 고향에서의 삶은 지금까지 야곱이 살아온 삶과는 달리 비교적 안정적이고 평온한 삶이었습니다. 특별한 문제없이 모든 것이 형통했습니다. 야곱의 마음속에는 아마도 계속 이와 같은 생활만 계속되었으면 하는 안정된 심리가 지배했을 것입니다. 야곱이 지금까지 살아온 인생 중, 가장 풍파 없는 삶이었기 때문입니다.

그런데 야곱의 바람과는 달리 야곱의 인생에 또다시 먹구름이 몰려오기 시작합니다. 야곱은 일생일대의 두 가지의 큰 위기를 만나게 됩니다. 그 하나는 라헬의 소생으로서 자신이 가장 사랑하는 아들 요셉을 잃은 것입니다. 눈에 넣어도 아프지 않을 아들이었던 요셉이었습니다. 그러므로 어쩌면 자신보다 더 소중했을 그 아들을 아무런 예고 없이 하루아침에 잃었을 때에 그 아비 야곱의 심정이 어떠했을지 감히 가늠조차 하기 어려울 것입니다. 물론 아픔이 아주 사라질 수는 없겠지만, 최악의 경우 아들의 시신이라도 눈으로 확인을 했다면, 마음이 이보다 더 낫지 않았을까요? 그러나 시신조차 수습하지 못하고, 아들을 죽은 것으로 간주하면서 살아가는 아버지 야곱의 마음의 상처는 이루 말할 수 없었을 것입니다. '부모가 죽으면 무덤에 묻지만, 자식이 죽으면 부모 가슴에 묻는다'는 말이 있습니다. 그만큼 자식이 부모 앞서 저 세상으로 간다는 것은 그 자식을 보낸 부모의 입장에서는 평생에 마음의 상처와 아픔으로 남는 것입니다. 야곱도 요셉이 죽은 것으로 알고 있었으므로 이후에 요셉과 다시 상봉하기 전까지는 이러한 고통과 상처를 안고 살았던 것입니다. 더구나 여러 자녀들이 있었지만 그 중에서도 요셉은 자신이 가장 사랑하는 자식이었으니, 그 아픔이야 오죽했겠습니까?

다른 한 가지는 흉년으로 먹을 양식이 전무한 상황이 찾아 온 경우입니다. 당시 애굽을 비롯한 고대 근동 지방에 칠년 동안이나 흉년이 들어 매우 힘든 가운데 있었는데, 야곱의 일가가 살고 있는 가나안 땅도 예외는 아니어서 칠년간의 흉년으로 먹을 양식이 없어 야곱과 그 가족들은 죽을 만큼 비참하고 핍절한 생활을 할 수밖에 없었습니다. 우리가 살아가는 데 있어서 가장 기본적인 요소는 먹는 문제입니다. 먹는 문제의 해결은 곧 생명과 직결되는 문제이기 때문입니다. 우리나라 옛 속담에 '금강산도 식후경'이란 말이 있습니다. 그만큼 다른 어떤 것이 만족된다 하더라도 기본적으로 먹고 마시는 문제가 해결되지 않으면 그 어떤 것도 의미가 없습니다. 당시 야곱은 칠년이라는 긴 흉년으로 인해 먹을 것이 아무것도 없으므로 모두 굶어 죽지 않을까 하는 위기감에 자신의 아들들에게 애굽에 가서 양식을 사올 것을 종용하고 있습니다. 그만큼 이 가족의 먹는 문제는 생사를 결정하는 시급한 문제였던 것입니다.

2. 하나님의 인도하심

야곱은 사랑하는 아들을 잃고, 또한 자신은 물론 가족들이 먹을 것이 없어 궁핍한 어려운 순간에도 결코 좌절하거나 낙망하거나, 원망과 불평으로 하나님이 주신 인생을 허비하지 않았습니다. 하나님의 인도하심과 자신에게 하신 약속의 말씀을 믿고 하루하루의 삶을 충실히 살아갔습니다. 특별히 흉년의 위기 순간에도 흔들리지 않고 삶의 지혜를 가지고 자신과 가족들이 극복해야 할 방안을 모색합니다. 그때 야곱은 애굽에 양식이 있다는 사실을 접하고 아들들을 그곳으로 보내어 양식을 사서 가족의 생명을 책임지고자 합니다.

결국 애굽에 아들들을 보내어 양식을 사오도록 하여 가족들의 생명을 구원합니다. 그런데 그의 삶에 큰 행운이 찾아왔습니다. 죽은 줄로만 알고 마음으로만 품고 있었던 요셉을 만나는 큰 기쁨을 맛보게 된 것입니다. 그 상황에서는 요셉이 살아있다는 것만으로도 꿈을 꾸는 듯 기쁘기가 한량없었을 텐데, 이게 웬일입니까? 사랑하는 아들 요셉이 살아서 당시 세계 최강대국인 애굽을 다스리는 총리가 되어 있는 것이 아닙니까? 이 기쁨이야말로 이루 말할 수 없는 환희 그 자체였습니다.

하나님의 인도하심은 여기서 그치지 않습니다. 총리가 된 아들 요셉을 통해 아예 요셉이 있는 애굽으로 인도하셔서 총리인 아들 곁에서 노후를 평안하고 평탄하게 살 수 있도록 인도해 주셨습니다. 이제 야곱과 그의 온 가족들은 하나님의 인도하심을 따라 요셉이 애굽으로부터 보내온 마차를 타고 애굽으로의 먼 길을 떠났습니다. 하룻길을 걸어서 브엘세바에 이르렀을 때, 야곱은 갑자기 타고 가던 마차를 멈추게 하고 마차에서 내려서는 제물을 잡아서 제사를 드리기 시작합니다. 온 마음과 정성을 다하여 하나님의 특별한 임재를 경험할 때까지 쉬지 않고 계속적으로 제사를 드립니다. 그렇다면 야곱은 왜 갑자기 브엘세바에서 제사를 드렸을까요? 그것은 자신과 가족들이 애굽으로 가는 것이 하나님의 뜻인지, 아니면 가나안 땅에 그대로 머무는 것이 하나님의 뜻인지 하나님께 묻고 확인받기 위해서입니다. 즉, 하나님의 인도하심을 받기 위한 것입니다. 아들 요셉이 애굽의 총리가 되어 애굽에서 아들이 보내온 마차를 타고 애굽으로 향하는 길이지만, 야곱은 자신이 살아온 정든 곳을 떠나 생경한 곳인 타국 애굽에서 다시금 새로운 삶을 시작해야 한다고 생각하니 불안과 두려움이 엄습했기 때문입니다. 이에 야곱은 정성을 다하여 하나님께 희생 제사를 드리며 하나님의 인도하심을 구했습니다.

하나님은 야곱의 제사를 받으시고 야곱에게 네 가지 약속의 말씀을 주십니다. 즉, 야곱으로 하여금 큰 민족을 이루게 해줄 것이며, 하나님이 야곱과 함께 애굽에 내려갈 것이고, 이후 다시 애굽에서 그들을 이끌어 내어 가나안으로 인도할 것이며, 또한 야곱의 생의 마지막에는 야곱이 사랑했던 아들 요셉이 직접 야곱의 눈을 감기게 할 것이라고 약속하십니다.

이러한 하나님의 약속의 말씀을 받은 야곱은 그동안 가지고 있던 불안과 두려움이 사라지고 하나님이 새롭게 인도하시는 세계에 대한,

그리고 하나님의 약속의 말씀에 따라 앞으로 펼쳐질 자신의 인생길에 기대를 가지고 가벼운 발걸음으로 하나님이 인도하시는 애굽으로 향할 수 있었습니다. 즉, 야곱은 하나님의 인도하심에 대한 분명한 확신과 믿음 때문에 애굽으로 발걸음을 옮길 수 있었습니다. 야곱은 지금까지 자신이 살아온 삶을 생각하면 자신의 마음과 뜻대로 되지 않는 것이 많았지만, 그러나 하나님이 나와 함께 하시고 인도하시면 반드시 형통하리라는 믿음과 확신으로 충만하였습니다.

3. 하나님의 축복

야곱이 하나님의 인도하심에 대한 믿음과 확신을 가지고 애굽에 내려가자 어떠한 일이 일어났습니까? 첫째, 오랜 세월 동안 죽은 줄로만 알고 마음에 묻어둔 채, 자식 잃은 슬픔을 가슴에 묻고 눈물 흘리며 살았던 야곱이 꿈에도 그리웠을 그 사랑하는 아들 요셉을 다시 만나게 되었습니다. 야곱이 생을 마감하기 전에 가장 사랑하는 아들을 다시 만나게 되었으니, 이보다 더 기쁜 일이 어디 있겠습니까? 살아있어 이렇게 볼 수 있다는 것만으로도 기적과 같은 일인데 그것도 애굽이라는 당대 초강대국의 총리 자리에까지 앉은 요셉을 볼 때, 야곱의 기쁨은 이루 말할 수 없었을 것입니다.

둘째, 흉년으로 궁핍한 삶에 힘들었던 야곱과 야곱의 가족은 풍족한 양식을 얻게 되었습니다. 이제는 더 이상 먹고사는 문제로 걱정하며 살아가지 않아도 되었습니다. 아니 그럴 필요가 없었습니다. 아들 요셉이 충분한 양식을 공급해 주었고, 야곱과 가족들이 그들의 생업인 목축업에 종사하며 평안히 살아갈 수 있는 땅도 허락해 주었기 때문입니다. 야곱은 말년에 양식 걱정 없이 먹고 마시며 편안한 삶을 영위할 수 있게 되었습니다.

셋째, 야곱이 애굽의 왕인 바로 왕을 하나님의 이름으로 축복하는 영광스러운 소임을 감당하게 되었습니다. 바로가 누구입니까? 수많은 사람들이 그의 말 한마디에 생사가 갈리는 애굽이라는 최강대국 지도자가 아닙니까? 그 큰 나라의 왕에게 일개 변방의 조그만 지역에서 온 한 사람이 자신이 믿는 하나님의 이름으로 축복을 해주었다는 것은 하나님의 크신 은혜와 섭리의 역사입니다. 이 상황만으로도 이 일은 일대 사건이었으며, 있을 수 없는 일이 벌어진 것입니다. 이렇게 하나님은 있을 수 없는 일들을 하나님의 주권적인 능력으로 행하셨습니다.

넷째, 한 가정과 가문에서 큰 민족을 이루는 기초석이 되었습니다. 야곱과 그의 가족들은 애굽에서 흉년의 어려운 시기를 잘 극복하고 모든 가족과 후손들이 자신들의 생명을 지킬 수 있었습니다. 이로 말미암아 그들을 통하여 이스라엘 민족을 이루는 결과를 가져오게 되었습니다. 하나님이 야곱에게 하신 후손 번성의 약속은 기근으로 인한 죽음의 순간에도 하나님의 인도하심에 따라 성취되는 과정을 보게 됩니다.

하나님의 약속의 말씀을 믿고 애굽으로 인도하시는 하나님 뜻에 순종하여 애굽으로 온 야곱과 그의 가족들은 하나님이 한량없이 부어주시는 축복을 경험하는 자들이 됩니다.

사랑하는 성도 여러분! 오늘 우리가 살아가는 삶에서도 하나님의 인도하심이 절대적으로 필요합니다. 영적인 인도하심이 필요치 않는 사람은 아무도 없습니다. 왜 그렇습니까?

첫째, 이 땅의 모든 사람들은 다 한계를 지닌 연약한 존재이기 때문입니다. 사람이라면 누구나 부족한 것이 있고, 내 능력, 내 힘으로 안 되는 것이 있습니다. "나는 세상의 모든 것을 내 능력으로 다 할 수 있어"라고 자신 있게 말 할 수 있는 사람은 이 세상에 단 한 사람도 없습니다. 누구나 연약함과 약점이 있는 것입니다. 그러므로 우리는 하나님의 인도하심을 절대적으로 의지해야 합니다. 나의 약함을 아시는 주님께서 그 약함을 강함으로 바꾸어 주실 것입니다.

둘째, 사람은 자신의 미래를 내다보지를 못하기 때문입니다. 미래를 다 알고 살면 얼마나 좋겠습니까? 하지만 사람은 자신의 한치 앞도 내다보지 못하는 우매한 자입니다. 우리 앞에 당장 어떤 일이 벌어질지 몰라 낭패를 당하기가 일쑤입니다. 설령 미래에 일어날 일을 안다고 할지라도 인간은 그것을 능히 대처할 능력이 없습니다. 그러므로 늘 넘어지고 실수투성이입니다. 그래서 어느 찬양에는 '내일 일은 난 몰라요'라는 가사도 있습니다. 그렇습니다. 우리는 모두 내일 일을 모르는 인생을 살아가고 있습니다. 어디로 가야할지, 어떻게 해야 할지 몰라 방황할 때가 많습니다. 이때 우리는 하나님의 인도하심을 구해야 합니다. "내가 어디로 갈지 모르고 방황할 때 나를 인도하소서. 야곱이 애굽으로 내려가는 것을 두려워할 때, 하나님이 애굽으로 인도하시고 복을 주신 것처럼, 저에게도 하나님의 인도하심으로 평안의 길을 가게 하옵소서" 하고 기도해야 할 것입니다.

전지전능하신 하나님, 무소부재하신 하나님을 절대 신뢰함으로 하나님의 인도하심을 구하며 살아가는 사람들이야말로 하나님의 복을 받고 영적인 발돋움을 더해가는 자입니다.

적용

우리가 하나님의 인도하심, 즉, 영적 인도를 받아 살아가기 위해서는 어떻게 해야 합니까? 이것은 오늘 우리에게 주신 야곱 이야기를 통해서 발견할 수 있습니다. 첫째, 하나님께 예배하는 생활을 해야 합니다. 야곱은 하나님께 예배하는 자였습니다. 희생 제사를 드렸습니다. 우리도 늘 하나님을 예배하는 삶을 살아야 합니다. 예배는 하나님을 하나님으로 인정해 드리는 행위이고 하나님을 높여드리는 행위이기 때문입니다. 그러므로 예배는 하나님을 가장 기쁘시게 해드리는 행위로서 하나님의 영광스러운 임재를 경험하는 은혜를 누리게 됩니다.

예배는 두 가지로 분류할 수 있습니다. 하나는 공적 예배입니다. 공적인 시간과 장소에서 온 마음과 정성을 다하여 하나님을 찬양하고 경배하는 것입니다. 또 하나의 예배는 삶의 예배입니다. 범사에 하나님을 높이고, 찬양하며, 하나님 중심으로 살아가는 것을 말하는 것입니다. 그래서 영어로 예배를 서비스(service)라고 말합니다. 우리의 삶, 즉, 실천의 삶, 봉사의 삶이 예배가 되는 것입니다.

하나님은 야곱의 제사를 받으시고 임재하시고 인도하신 것처럼, 우리의 예배를 받으시고 예배 가운데 임재하시고 말씀으로 인도하십니다. 나는 우리 온사랑 교회 모든 성도님들이 예배를 통해서 하나님의 구체적인 인도를 받으시는 은혜가 함께하기를 바랍니다.

둘째, 하나님께 여쭈어야 합니다. 야곱은 죽은 줄로만 알았던 요셉이 애굽에서 생존해 있고 게다가 그 나라의 총리까지 되었다는 소식을 전해 듣고 기쁘고 흥분한 나머지 지체치 않고 애굽으로 내려갑니다. 그러나 가던 도중 브엘세바에 이르러서 깨닫습니다. "실수 했구나! 내가 과연 애굽으로 가는 것이 옳은 일인가?" 두려움이 몰려왔습니다. 그래서 희생 제사를 드리면서 하나님께 여쭙습니다. "하나님 제가 어떻게 해야 합니까? 가야 합니까? 가지 말아야 합니까? 하나님께서 말씀해 주십시오." 그러자 하나님이 애굽으로 가라고 말씀하십니다.

우리도 하나님의 인도함을 받기 위해서는 어떤 일을 하거나 결정하기에 앞서 먼저 하나님께 여쭈어야 합니다. 사람을 찾아가서 의견을 묻거나 상담을 하기에 앞서 먼저 하나님을 찾고 역사의 주인이신 하나님이 어떻게 삶을 인도하실 지를 물어야 합니다. "하나님 어떻게 해야 합니까? 하나님이 우리의 길을 인도해 주십시오" 하고 말입니다. 그러할 때 놀라운 하나님의 인도하심을 경험할 수 있습니다.

셋째, 하나님의 인도하심에 순종해야 합니다. 하나님이 친히 인도하신다면, 그 인도함을 따라 행하는 데에 있어서 어떤 장애물과 어떤 훼방도 문제가 되지 않습니다. 사망의 음침한 골짜기도 문제가 되지 않습니다. 원수의 목전도 문제가 되지 않습니다. 험악한 세월도 문제가 되지 않습니다. 실패의 늪도 문제가 되지 않습니다. 하나님께서 인도하신 일에는 종국적으로 회복의 역사와 축복이 예비되어 있기 때문입니다.

세계적인 건축 설계회사 팀하스의 회장으로 있는 하형록이란 분이 있습니다. 그가 작년 5월 『P31』이라는 제목의 책을 출판했는데, 이 책에서 그는 자신이 미국에서 이민생활 중 겪었던 일과 자신의 성공의 과정을 상세히 밝히고 있습니다. 그는 주차장 설계와 건축사업을 하면서 크게 성공을 했습니다. 그의 성공은 세상 사람들이 행하던 방식으로 이룬 성공이 아니었습니다. 세상의 악과 결탁하고 악한 사람들 간의 유착을 통한 그러한 성공이 결코 아니었던 것입니다. 온전히 하나님 말씀에 순종함으로 성경에서 말씀하시는 그 말씀의 본을 따라 그대로 실천함으로써 이루어낸 성공이었습니다.

그는 이런 말을 했습니다. "My plan is no plan"(나의 계획은 계획이 아니다). 그에게는 하나님의 계획만이 자신의 계획이 되었던 것입니다. 회사를 이끌면서 회장으로서 결정해야 할 일이 하루에도 수십 건이 넘습니다. 그때마다 그는 하나님께 여쭙고 하나님의 인도하심에 따라 모든 일들을 처리해 갑니다. 이러한 그에게 하나님은 축복하셔서 세계적인 기업으로 일으켜 주셨습니다. 저와 여러분도 우리의 모든 인생길을 주님께 맡기고 주님께 모든 문제를 의논하면서 지혜를 구하며 하나님의 선하신 인도를 받는 복된 인생이 되시기를 바랍니다.

영적 발돋움

18

축복의 통로

창세기 48 : 8 - 20

영적 발돋움 18

축복의 통로

창세기 48:8-20

들어가는 말

야곱은 참으로 그의 말대로 파란만장한 인생을 살아왔습니다. 고향을 떠나 수십 년을 타지에서 온갖 고생을 감당하며 살아야 했으며, 자신의 자녀들의 일로 인해 마음의 큰 아픔과 상처를 안고 살아야 했습니다. 그 가운데서도 자신이 가장 아끼고 사랑했던 아들 요셉을 잃은 것은 가장 마음을 후벼 파는 고통이었습니다. 이어 수년간의 극심한 기근을 겪으면서 자신을 비롯한 가족들의 생존이 위협당하는 곤궁에 처하기도 합니다.

그러나 하나님은 야곱의 삶의 고비 때마다 야곱을 만나주시고 인도해 주셨으며, 복을 허락해 주셨습니다. 하나님은 기근으로 절박한 상황 가운데 빠져 있던 그때에도 야곱과 그의 가족들을 애굽으로 인도하셔서 야곱과 그의 가족들의 생명을 보호하시고 야곱에게 허락하신 자손 번식의 약속을 이루셨으며, 무엇보다 죽은 줄로만 알고 가슴으로만 묻어 두었던 아들 요셉을 만나게 되는 큰 축복을 허락해 주셨습니다.

야곱은 애굽에서 하나님의 품으로 돌아갈 때까지 십칠 년을 하나님의 복을 받아 형통하고 평안한 삶을 이어갑니다. 하나님의 복을 받은 야곱은 자신이 받은 복을 다른 사람에게도 나누며 축복하는 복의 통로로서의 역할을 충실히 감당하며 살아갑니다. 우리는 오늘 말씀에서 축복의 통로자로서의 삶을 살아가는 야곱을 만날 수 있습니다. 저와 여러분도 이렇게 복의 통로가 되어 살아가야 하지 않겠습니까?

1. 험악한 인생을 살아온 야곱

흔히들 야곱이 살아온 삶은 그의 아버지 이삭이 살았던 삶과 비교 대상이 되기도 합니다. 성경에서의 이삭은 비교적 인생의 큰 굴곡과 풍지편파 없이 평탄하고 평안한 삶을 유지하며 살았습니다. 그는 고난을 당한 적도, 그리고 마음에 상처와 아픔을 안고 사는 고통을 당한 적도 없습니다. 반면, 야곱은 우여곡절이 많은 파란만장한 인생을 살았습니다. 야곱 자신이 인생의 종착점으로 향해 달려가던 중, 자신 스스로도 야곱은 자신이 험악한 인생을 살아왔음을 고백하고 있습니다. "야곱이 바로에게 아뢰되 내 나그네 길의 세월이 백삼십 년이니

이다 내 나이가 얼마 못 되니 우리 조상의 나그네 길의 연조에 미치지 못하나 험악한 세월을 보내었나이다 하고"(창 47:9).

그는 자신의 욕심을 채우는 일이라면 수단과 방법을 가리지 않았습니다. 거짓과 속임수로 자신의 욕심을 채우고자 하는 사기꾼의 삶을 살았습니다. 그는 장자권을 얻기 위해 형 에서를 속이고 그 장자권을 빼앗는 일을 서슴지 않았으며, 아버지 이삭을 거짓으로 속여 형 에서의 축복권을 빼앗았습니다. 이 일로 인해 그는 형의 분노를 사게 되고 형을 피해 정든 고향을 떠나 밧단아람의 외삼촌 라반의 집에서 참으로 혹독한 고난과 시련의 세월을 보내게 됩니다. 이십 년의 낯선 타향살이는 야곱에게는 정말로 힘든 시간들이었습니다. 하나님의 자녀라고 하면서 거룩하게 살지 못하고 하나님의 뜻을 거역하면 그 대가가 무엇인지를 우리는 야곱의 인생을 통해 생생한 교훈을 받게 됩니다.

그럼에도 불구하고 하나님의 은혜는 그를 떠나지 않았습니다. 그는 밧단아람 외삼촌의 집에서 지내는 동안 하나님의 은혜로 큰 가족을 일구고 많은 가축들을 자신의 소유로 삼고 밧단아람을 떠나 세겜에 이르러, 이곳에서 십 년의 세월을 정착하며 살아갑니다. 그러나 이곳에서의 삶도 녹록치 않은 삶의 연속이었습니다. 자신의 사랑하는 딸 디나가 성폭행을 당하는 충격적인 사건을 겪게 됩니다. 이로 인한 마음의 아픔과 상처로 고통스러울 때, 디나의 복수를 위해 살인을 저지르고 노략질을 하는 아들들로 인해 다시 한 번 큰 충격에 빠져들게 됩니다. 야곱은 자녀들의 일로 마음 편할 날이 없었습니다. 그러나 무엇보다 야곱 평생의 큰 아픔이자 상처가 되었던 것은 헤브론 지역에서의 약 이십삼 년간의 삶 동안 자신이 가장 사랑하고 아꼈던 아들 요셉을 하루아침에 잃게 된 것입니다. 요셉은 야곱이 가장 사랑한 여인 라헬의 소생이었기 때문입니다. 사실 야곱은 네 명의 아내에게서 여러 자녀를 두었으나 사랑하는 여인인 라헬에게서 나온 요셉을 특별히 더 사랑했습니다. 그러니 이런 요셉이 자신의 눈앞에서 사라졌을 때 받을 충격은 겪어보지 않고는 그 아픔과 그 슬픔을 감히 가늠조차 하기 힘들 것입니다. 아마도 눈물로 고통의 세월을 보냈을 것입니다.

그의 고난은 여기서 그치지 않습니다. 이후 가나안 땅에 수년간 몰아친 극심한 흉년으로 말미암아 기근으로 야곱과 그의 가족은 생계의 어려움에 처하게 되고, 이는 이들의 생존을 위협하는 지경에까지 이르게 됩니다. 야곱은 자신은 물론 모든 가족들이 죽지 않고 생명을 잘 보존하는 일을 걱정해야 하는 어려움에 직면했습니다. 그렇지만 이제 하나님의 인도하심으로 애굽으로 오게 된 야곱은 애굽의 총리가 된 요셉을 만나고 요셉을 통해 애굽의 바로와 대면을 하게 됩니다. 야곱은 이때 자신이 살아온 지난 세월을 회고하면서 바로에게 자신이 살아온 백삼십 년의 세월은 참으로 험악한 세월이었음을 고백하고 있습니다.

사랑하는 성도 여러분! 험악한 세월을 보낸 건 비단 야곱만은 아닐 것입니다. 우리가 살아온 지난 세월도 얼마나 파란만장하고 험난한 세월이었습니까? 어떤 경우에는 사업의 실패, 또는 실직으로 인한 경제적인 문제로 힘든 시간을 보내기도 했으며, 인간관계, 특별히 자녀 등 가장 가까운 가족들로부터 받는 스트레스로 어려움을 겪기도 했습니다. 그뿐입니까? 사랑하는 가족, 사랑하는 사람을 잃고 애통해 하며 슬퍼한 시간도 있었으며, 큰 사고를 당하거나 심각한 질병으로 좌절하고 낙망한 경우도 있었습니다.

우리 앞에 펼쳐진 환경과 상황이 너무나 절망적이어서 죽고 싶을 정도로 고통스럽고 힘이 들었지만, 우리는 하나님의 인도하심과 은혜로 말미암아 이러한 여러 험난한 인생의 경험을 지나 지금 이 자리에 나와 하나님을 예배하고 있습니다. 얼마나 감사한지 모릅니다. 지나고 보니 모든 것이 하나님의 은혜였으며, 하나님의 인도하심이었습니다. 우리가 험악한 인생에서 절망하고 힘들어할 때마다 위로하시고, 힘주시는 하나님의 은혜가 있었기에 이렇게 오늘날 하나님 앞에 설 수 있는 저와 여러분이 된 줄 믿습니다.

2. 복을 받은 야곱

야곱은 지금까지의 험난한 세월을 지나 하나님이 인도하신 애굽으로 왔습니다. 그는 애굽에 와서는 이전까지 상상조차 할 수 없는 인생의 환희의 순간을 맛보게 됩니다. 죽은 줄로만 알고 가슴으로만 품고 있던 그 사랑하는 아들 요셉을 자신의 눈앞에서 보게 됩니다. 그들은 얼싸안고 눈물의 상봉을 합니다. 그야말로 감격적인 순간입니다. 그뿐만이 아닙니다. 요셉이 당대 초강대국인 애굽의 총리로서 애굽 전체를 치리하는 큰 위치에 있었습니다. 그래서 야곱의 기쁨과 감격은 이루 말할 수 없었습니다.

야곱은 총리인 아들로 인해 애굽 왕 바로를 배알할 수 있는 기회도 얻을 수 있었습니다. 그리고 자신들의 생업인 목축을 할 수 있도록 요셉이 땅을 마련해 주어, 그곳에서 가족들이 정착해 생업을 이어가며 생활하는 데 아무 문제없이 살아갈 수 있는 생활기반도 마련되었습니다. 이뿐이겠습니까? 총리 요셉의 공궤로 야곱과 그의 모든 가족들은 더 이상 먹고 마시는 일에 걱정 없이 살아갈 수 있었습니다.

하나님은 야곱에게 큰 은혜를 주셔서 애굽으로 인도하시고 야곱의 평생의 아픔이었던 요셉을 다시 만나게 되는 복을 주셨습니다. 그것도 요셉이 받은 복인 애굽의 총리라는 큰 위엄의 직책을 통해 야곱은 물론 그의 온 가족이 걱정근심 없이 살아갈 수 있는 형통의 복을 주셨습니다. 야곱과 그의 가족들은 가나안에서는 먹을 양식이 없는 상황에서 죽음을 걱정해야 하는 처절한 상황 가운데서 힘겨운 삶을 연명하며 살았으나, 하나님은 이들의 고통을 아시고 하나님의 섭리하심으로 이들을 애굽으로 인도하시고 이들의 생명을 보존하셔서 야곱에게 약속하신 자손 번식의 복을 확증해 주셨습니다.

그동안 험악한 인생의 여정을 걸어왔던 야곱은 이제 하나님의 인도하심으로 하나님의 품으로 돌아가는 그 순간까지 하나님이 주시는 축복으로 말미암아 복된 인생의 여정 길을 걸어가게 됩니다.

3. 축복의 통로가 된 야곱

야곱은 애굽에서 십칠 년을 더 살다 하나님 품으로 돌아갑니다. 험악한 세월을 살았던 야곱은 애굽에 이르러 하나님의 축복을 받아 복을 누리는 행복한 삶을 살았습니다. 애굽에서 그는 모든 것이 넉넉하고, 풍요로우며, 부족함이 없는 삶을 누립니다. 또한 이전처럼 자녀들로 인해 마음 고생하는 일도 없습니다. 모두 하나님이 주신 분복 아래서 무탈하게 잘 살아갑니다. 아니, 오히려 애굽의 총리가 된 아들 요셉으로 인해 많은 덕과 혜택을 누리며 사는 위치가 되었습니다. 요셉은 야곱과 그의 모든 가족들이 생업에 종사하며 부족함 없이 살 수 있도록 땅도 분배해 주었으며, 더욱이 물질로 섬기며 공궤했습니다. 야곱에게 이보다 더 좋을 수는 없습니다.

복을 받은 야곱은 자신이 받은 복을 누리는 것으로 그치지 않습니다. 자신이 받은 복을 다른 사람들도 받기를 소원하고 그 축복을 선포하길 원합니다. 그는 하나님의 축복의 통로자가 되기를 원합니다. 또 그 복을 선포하기를 원합니다. 이에 그는 자신의 주변 사람들에게 하나님의 복을 빕니다. 하나님의 복을 전합니다. 하나님의 복을 선포합니다. 그는 이제 완전히 하나님의 축복의 통로자로서의 사명을 감당하며 살아갑니다.

야곱이 누구에게 축복을 합니까? 애굽에 이르러 아들 요셉의 인도로 애굽의 바로를 알현하게 됩니다. 야곱은 그 자리에서 나아가서 바로 왕을 보자마자 하나님께서 복을 주시도록 축복합니다. 그리고 알현을 마치고 나올 때 또다시 하나님께서 복을 주시도록 간구하고 나옵니다. 야곱은 자신을 만나는 자마다 그가 복 받기를 소원하고 하나님의 복을 선포해 주었던 것입니다.

축복이란 단어는(창 47:7,10) 히브리어로 "바라크"(ברך)입니다. 즉, 야곱이 바로 왕을 향하여 선포한 축복은 단순히 형식적인 인사 차원의 축복이 아닙니다. 그는 하나님의 종을 대변하여, 혹은 제사장을 대변하여 하나님의 권위를 가지고 바로 왕에게 축복한 것입니다. 바로는 강대국 큰 나라의 왕으로서 온갖 부와 권세를 다 가지고 있었지만, 하나님의 복은 세상에 편만하게 퍼져야 할 복이었으므로 야곱은 바로에게도 축복한 것입니다.

야곱은 그의 열두 아들들에게도 축복합니다. 야곱이 자신의 임종을 앞두고 자신의 열두 아들을 모두 불러 모았습니다. 그리고 장자로부터 막내에 이르기까지 한 명씩 이름을 불러가면서 예언적 축복을 합니다. 그들이 애굽에서나 가나안에서 자손만대에 하나님의 축복을 받아야 하기에 하나님의 제사장으로서, 아버지로서 그들에게 축복한 것입니다.

야곱이 그들을 축복할 때에 특이한 점은 각 사람의 분량대로 축복했다는 것입니다. 이는 야곱이 축복을 할 때 자신의 생각과 개인적인 욕심과 바람에 따라서 축복을 선포한 것이 아니라, 하나님의 예정하심과 섭리하심에 따라 축복했다는 것입니다. 그들이 하나님의 복을 받을 수 있는 그릇대로, 감당할 수 있는 능력에 따라서 축복했습니다. 그러므로 이 열두 아들에 대한 야곱의 축복은 앞으로 아들들과 그 후손들의 삶을 결정짓는 대단히 중요한 의미를 지닌 선포였습니다.

야곱은 또한 요셉의 두 아들, 즉, 므낫세와 에브라임에게도 축복합니다. 요셉은 애굽의 총리로서 경제적으로, 정치적으로 복을 많이 받은 자입니다. 당연히 그의 두 아들도 아버지의 후광으로 복을 많이 받았습니다. 야곱은 이 땅에서의 자신의 삶이 얼마 남지 않았다는 것을 알고 요셉에게 그의 두 아들을 축복할 것이니, 그 자신 앞으로 요셉의 두 아들을 나아오게 합니다. 이에 요셉은 아버지의 축복 기도를 받게 하기 위해 두 아들, 즉, 장자 므낫세와 차자 에브라임을 야곱 앞으로 이끌고 나와 세웁니다. 야곱은 사랑하는 손자들을 진심으로 사랑하면서 축복합니다. 오른손을 차자인 에브라임의 머리 위에 얹습니다. 왼손은 장자인 므낫세 머리 위에 얹습니다. 그리고 그들을 축복합니다. "그날에 그들에게 축복하여 이르되 이스라엘이 너로 말미암아 축복하기를 하나님이 네게 에브라임 같고 므낫세 같게 하시리라 하며 에브라임을 므낫세보다 앞세웠더라"(20절).

여기서 야곱은 요셉의 두 아들 에브라임과 므낫세에게 축복 기도를 하고 있습니다. 이것은 축복이 하나님의 손에 달렸다는 것을 전제하는 것입니다. 하나님께서 복을 주셔야만 복된 삶을 살게 됩니다.

이처럼 야곱은 주변의 사람들을 하나님의 이름으로 축복하고 선포하는 축복의 통로로서의 역할을 잘 감당하며 살았던 복된 자였습니다. 우리는 여기서 야곱을 통해서 하나님의 사람들이 어떻게 살아야 하는가에 대한 모범을 볼 수 있습니다.

야곱은 자신이 살아온 지난 날의 삶을 회상합니다. 참으로 험악한 삶이었으며 많은 우여곡절을 겪으며 지난한 세월을 살았습니다. 그렇게 그러한 힘들고 어려운 삶 가운데서도 하나님은 늘 야곱을 떠나지 않으시고 야곱과 함께하시며 야곱의 삶을 인도해 주셨습니다. 그리고 이제 하나님의 은혜로 말할 수 없는 큰 복을 누리는 자가 되었습니다. 지금 누리는 이 복은 전적인 하나님의 은혜로 말미암아 자신에게 주어진 것임을 야곱은 누구보다 잘 알고 있습니다. 그러므로 야곱은 하나님의 복을 받은 자로서 자신만 이 복을 받을 것이 아니라 복을 나누는 통로가 되어야 한다고 생각했습니다. 그래서 그는 주변 사람들에게 하나님의 이름으로 축복하고 선포하기 시작합니다. 축복의 통로로서 제사장의 사명을 충실히 감당하는 것입니다.

본문 15-16절을 보십시오. "그가 요셉을 위하여 축복하여 이르되 내 조부 아브라함과 아버지 이삭이 섬기던 하나님, 나의 출생으로부터 지금까지 나를 기르신 하나님, 나를 모든 환난에서 건지신 여호와의 사자께서 이 아이들에게 복을 주시오며 이들로 내 이름과 내 조상 아브라함과 이삭의 이름으로 칭하게 하시오며 이들이 세상에서 번식되게 하시기를 원하나이다."

15절에서 야곱은 하나님께서 자신을 자신의 출생부터 지금까지 길러 주셨음을 고백하고 있습니다. 지금까지 자신이 살아온 모든 인생길은 하나님의 전적인 인도하심에 의해서 지금에 이르렀다는 것입니다.

　또한 16절에서는 하나님에 대해 자신을 모든 환난에서 건져주신 분으로 표현하고 있습니다. 형 에서를 피해 고향에서 도망쳐 나와야 했던 환난, 외삼촌 라반으로부터 받은 환난, 세겜에서 발생한 자녀들로 인한 환난, 기근으로 인한 환난 등, 자신이 지금까지 살아오면서 겪은 모든 인생의 환난에서 하나님은 그 환난의 고비고비마다 친히 개입하셔서 도와주시고 건져주신 하나님이심을 고백하고 있습니다.

　이제 야곱은 자신이 살아온 백사십칠 년의 인생 여정이 전적인 하나님의 축복이었다고 고백하고 있습니다. 또한 그는 자신을 여기까지 이르게 하신 것은 하나님께서 자신으로 하여금 축복의 통로로서의 삶을 살게 하기 위함이라는 사실을 깨닫게 됩니다. 그는 하나님의 축복을 받은 자로서 마땅히 다른 사람들에게 그 복을 전하고 선포하는 삶을 살아야 했습니다.

　그는 하나님께서 자신을 통해서 수많은 사람들이 하나님의 복을 받기를 원하시는 하나님의 비전을 믿었습니다. 벧엘에서 야곱은 하나님으로부터 "네 자손이 땅의 티끌 같이 되어 네가 서쪽과 동쪽과 북쪽과 남쪽으로 퍼져나갈지며 땅의 모든 족속이 너와 네 자손으로 말미암아 복을 받으리라"(창 28:14)는 약속의 말씀을 받았습니다. 그는 하나님께서 하신 약속의 말씀을 굳게 믿고 자신을 통하여 세상 모든 사람들이 복을 받는다는 분명한 자의식을 가졌습니다. 즉, 자신이 축복의 통로자로서 세워진 자라는 분명한 확신과 사명이 있었습니다. 따라서 그는 힘을 다하여 만나는 사람들마다 하나님의 복을 선포하며, 축복의 통로자로서의 주어진 사명을 감당하는 삶을 충실하게 살아가고자 합니다.

적용

사랑하는 성도 여러분! 하나님의 복을 경험한 사람들은 이 땅에서 야곱처럼 축복의 통로의 역할을 감당하며 살아야 합니다. 그렇다면 우리가 축복의 통로로 살아가기 위해서는 어떻게 해야 합니까? 첫째, 내 안에 복의 근원되시는 하나님으로 충만해야 합니다. 야곱이 축복의 통로가 된 것은 그의 마음속에 하나님으로 가득 찼기 때문입니다. 야곱의 마음속에는 그의 안에 살아계셔서 역사하시는 하나님으로 충만했습니다. 하나님이 그의 전부가 되었고, 하나님만이 그의 삶의 목표가 되었습니다. 이처럼 하나님으로 충만한 삶을 살아갈 때 우리는 하나님의 축복의 통로로서의 역할을 잘 감당할 수 있습니다. 여러분 안에 누가, 무엇이 가득 차 있습니까? 하나님으로 가득 차 있기를 바랍니다. 하나님이 여러분 인생의 주인이라는 사실을 절대 믿고 그분만을 높이고 신뢰하며 거룩하게 살아야 합니다.

한국교회의 역사적인 인물로서 최봉석 목사님이라는 분이 계십니다. 이 목사님은 그 심령 안에 하나님의 역사하심으로 충만했던 사람입니다. 일제치하에서 신사참배가 가결되자 목사님이 공개적으로 이를 반대하다가 일본 경찰에 체포됐는데, 신문을 당할 때에도 '예수천당'을 외쳤으며 수감 중에도 전도를 계속했다고 합니다.

최봉석 목사님은 6년 동안 감옥에서 갖은 고문을 당했습니다. 그러나 일본 형사들이 고문을 심하게 하면 할수록 찬송가 '예수 사랑하심은'을 큰 소리로 불러서, 감옥 안에 있는 사람들 중 그 찬송을 모르는 사람이 없었다고 합니다. 최 목사님은 매를 맞을 때마다 '예수천당, 예수천당'이라고 소리를 질렀습니다. 이에 형사가 매를 멈추고 "왜 이렇게 시끄러우냐?"고 물으니, "내 몸 안에는 예수로 꽉 차 있어서 나를 때리면 예수가 나옵니다"라고 대답했다고 합니다.

둘째, 하나님의 관점으로 축복을 선포해야 합니다. 야곱은 많은 사람에게 축복을 하되, 자신의 뜻과 생각에 따라서 축복하지 않았습니다. 언제나 하나님의 시선과 관점을 가지고 축복했습니다.

야곱은 요셉의 두 아들을 축복하고자 요셉으로 하여금 그의 두 아들을 자신에게 가까이 나아오게 합니다. 이에 요셉이 두 아들을 이끌어 야곱의 오른쪽에는 장자인 므낫세를 두고, 왼쪽에는 차자인 에브라임을 두었습니다. 왜냐하면 장자는 오른손을 얹어 축복을 하고 차자는 왼손을 얹어 축복을 하는 것이 이스라엘의 관습이었으므로 당연히 요셉도 그러한 관습을 쫓아 자신의 장자 므낫세는 야곱의 오른

쪽에, 차자 에브라임은 야곱의 왼쪽에 각각 세웠습니다. 그러나 야곱은 오른손으로는 에브라임 머리 위에, 왼손은 므낫세 머리 위에 손을 교차해 얹고 축복을 합니다. 이것을 좋지 않게 여긴 요셉은 아버지 야곱에게 장자인 므낫세에게 오른 손을 얹어 축복할 것을 요구합니다. 그러나 야곱은 요셉의 요구를 거부하며 이렇게 답합니다. "나도 안다 내 아들아 나도 안다 그도 한 족속이 되며 그도 크게 되려니와 그의 아우가 그보다 큰 자가 되고 그의 자손이 여러 민족을 이루리라 하고."(창 48:19) 여기서 야곱은 "나도 안다"를 두 번 반복해서 말하고 있습니다. 이것은 야곱 자신도 므낫세가 장자이기에 당연히 장자인 므낫세에게 오른손을 얹어 복을 빌어주는 것이 인간적인 관점에서는 마땅하나, 그러나 하나님의 뜻과 계획하심은 우리의 뜻과 생각과는 다름을 말하고 있습니다. 야곱은 자신의 관점이나 생각이 아닌 하나님의 관점으로 축복하였습니다. 우리가 축복의 통로가 되기 위해서는 하나님의 시선과 관점으로 생각하고 보아야 합니다.

셋째, 모든 사람들이 하나님의 복을 받기를 소원하며 기도해야 합니다. 왜냐하면 하나님은 모든 인생을 복 주시기를 원하시는 하나님이시기 때문입니다. 하나님은 최초의 인간 아담과 하와를 지으시고 복을 주시되, 아무 부족함도 없고, 걱정, 슬픔, 아픔 없는 지상의 낙원인 에덴 동산을 선물로 주셨습니다. 그러나 아담과 하와가 사탄의 유혹을 받고 하나님이 금하신 선악과를 먹고 타락해 죽을 수밖에 없는 존재로 전락하자 다시금 하나님은 그러한 인간에게 영생의 복을 주시고자 하나님의 독생자인 예수님을 십자가 위에서 죽게 하심으로 우리에게 아담과 하와의 범죄로 인해 빼앗겼던 영생복락을 허락하셨습니다. 하나님은 세상 모든 사람들이 예수님이 이루어 놓으신 십자가의 대속의 죽음을 통해 영생복락을 누리길 원하고 계십니다. 그러기에 우리도 세상의 모든 사람들이 하나님의 복을 받기를 소망해야 합니다. 누구든지 예수님을 믿고 자신의 구주로 모시기만 하면, 구원의 은총의 복을 누릴 수 있습니다.

타락하여 죄를 범하며 오랫동안 방황과 불신앙적인 삶을 살았던 어거스틴(St. Augustinus)을 위해 어머니 모니카(Monica)는 자신의 아들 어거스틴이 회개하고 돌이켜 하나님의 복을 받기를 원하여 간절히 기도로 일관했습니다. 그 결과 하나님은 어머니의 기도를 들으시고 탕자 어거스틴을 변화시켜 인류사의 위대한 성인(聖人)이 되도록 은총을 베푸셨습니다. 하나님 위대한 종 길선주, 주기철, 최봉석, 이기풍, 손양원 목사님은 우리 민족이 하나님의 복을 받기를 소원하며 기도했습니다. 그분들의 그 소원과 기도가 지금의 우리나라를 선교대국이라는 명칭을 얻을 만큼 각국에 나아가 선교하는 국가로 만들었습니다.

우리 교회가 우리나라뿐 아니라 세계 각지에 나가서 선교와 봉사를 하는 이유도 세상 모든 사람들이 하나님의 복을 받고, 그 복을 풍성히 누리기를 소원하기 때문입니다. 지난번에는 우리 교회 성도님들이 진안 갈용교회에 가서 봉사를 했고, 그리고 앞으로도 키르키즈

스탄과 베트남, 그리고 네팔에 단기선교를 떠납니다. 어떻게 생각하면 수고스럽고 고생스러운 일일지도 모르지만, 우리가 이러한 일들을 하는 이유가 무엇일까요? 오로지 저들이 하나님의 복을 받아 하나님이 허락하신 구원의 은총을 풍성히 누리길 소원하기 때문입니다. 우리 교회는 열방을 축복하는 교회가 되어야 합니다. 저와 여러분이 이 마지막 때에 하나님께 그렇게 쓰임 받기를 원합니다. 사랑하는 성도 여러분! 세상 모든 사람들이 구원받고 하나님의 복을 누리기까지 그것을 마음으로 소원하며 기도하시는 복된 하나님의 자녀들이 다 되시길 바랍니다.

영적 발돋움

19

하늘 소망

창세기 49:29-33

영적 발돋움 19
하늘 소망
창세기 49:29-33

들어가는 말

야곱은 백삼십 세에 애굽에 내려간 이후 십칠 년을 더 살고 하나님의 부르심을 받습니다. 애굽에서의 십칠 년의 삶은 자신이 살아온 지난 백삼십 년의 세월을 모두 보상받으며 산 참으로 복된 삶이었습니다. 하나님의 주시는 형통의 복을 누리며 마지막 십칠 년의 생을 아름답게 살았습니다. 그러나 그는 여기서 그치지 않습니다. 자신이 받은 복을 통해 하나님의 복을 나누어 주는 축복의 통로자로서 하나님께서 주신 사명을 감당합니다. 야곱은 애굽의 바로 왕에게 하나님의 축복을 선포합니다. 또한 자신의 아들들과 자신의 손자인 요셉의 두 아들들에게 하나님의 마음과 심정을 담아 축복을 선포합니다.

사랑하는 성도 여러분! 축복을 선포하며 살아간다는 것이 얼마나 멋진 삶입니까? 자신이 받은 하나님의 복이 다른 사람들에도 임하도록 기도하며 선포한다는 것은 복주시기를 원하시는 하나님의 뜻을 이루는 일로서 하나님이 심히 기뻐하시는 일입니다. 지난 한 주간도 많은 성도님들이 하나님의 축복을 선포하면서 사셨겠지만, 앞으로 더욱더 많은 사람들에게 풍성한 복을 주시도록 선포하면서 살아가는 저와 여러분들이 되시기를 바랍니다.

야곱은 그렇게 십칠 년의 세월을 복을 받고, 복을 선포하는 복의 사람으로 살다가 이제 자신의 마지막이 다가왔음을 깨닫게 됩니다. 사람이 자신의 마지막을 느끼고 안다는 것 또한 큰 축복이라고 할 수 있습니다. 왜냐하면 자신의 죽음을 맞아 죽음을 준비하고 대비할 수 있기 때문입니다.

우리가 이 땅에 사는 동안 하나님의 백성으로서 그분의 백성답게 우리를 향한 하나님의 뜻을 분별하고 그 뜻을 이루며, 하나님을 영화롭게 하는 삶을 살아야 합니다. 인간의 창조 목적이 여기에 있기 때문입니다. 그리고 동시에 삶의 마지막도 잘 정리하고 복된 죽음을 맞이해야 합니다. 이 땅에 사는 동안 뿐 아니라, 생의 마지막 또한 이에 못지않게 중요합니다. 끝이 복되어야 하는 것입니다. 여러분에게 그러한 은혜가 있기를 바랍니다.

1. 약속의 땅 가나안

야곱은 자신의 죽음을 앞두고 죽음을 어떻게 준비하고 있습니까? 그는 자신의 아들들에게 먼저 이렇게 요구합니다. "내가 내 조상들에게로 돌아가리니 나를 헷 사람 에브론의 밭에 있는 굴에 우리 선조와 함께 장사하라." 야곱은 왜 애굽 땅에 장사지내지 말고 가나안 땅 막벨라 굴이 있는 곳에 장사하라고 했을까요? 일반적으로 생각하면 애굽 땅에다가 장사지내면 더 좋을 텐데 말입니다. 애굽에서 장사를 지내게 되면 아들이 애굽의 총리니, 자신이 죽은 다음에는 얼마나 거대하게 장사를 치러 주겠습니까? 총리인 아들의 직책과 격에 맞는 성대하고 화려한 장례절차에 의해 장례가 진행될 것이며, 또한 화려하고 웅장한 무덤에 안장될 것입니다. 그리고 모든 자신의 자녀들을 비롯한 후손들의 생활 기반이 애굽에 있으니 자녀들이 자신의 무덤을 돌보기도 용이 할 것입니다. 그럼에도 불구하고 야곱은 굳이 가나안 땅에 묻히길 원합니다. 하지만 야곱의 요구처럼 가나안 땅에 매장을 하게 되면 가족들에게 많은 불편을 안기게 됩니다. 장례식 철차가 복잡해집니다. 즉, 가나안 땅을 가기 위해서는 바로 왕의 허가를 얻어야 하는 번거로움이 있고, 또한 허가를 얻었다하더라도 사체를 이끌고 애굽에서 가나안까지 먼 길을 가야만 합니다. 이 또한 쉬운 일은 아닌 것입니다. 이렇게 되면 장례 행렬에 따른 경비가 많이 소요되게 됩니다.

또한 이렇게 힘들게 가나안에 안장을 한 이후에도 문제가 끝난 것은 아닙니다. 애굽에 정착해 살고 있는 자녀들과 그의 후손들이 야곱의 무덤을 돌보기 위해서는 그때마다 가나안으로 먼 거리를 이동해야만 하는 어려움이 있습니다. 이는 자녀들이나 그의 후손들에게는 큰 부담으로 작용하는 일입니다.

그러므로 지극히 현실적인 차원에서 보면 가나안보다는 자신과 가족들이 살았던 애굽의 고센 땅에 장사를 지내야 하는 것이 합리적인 방안입니다. 그렇다면 이러한 현실적인 어려움이 많은 가운데서도 야곱은 왜 굳이 가나안 땅에 자신이 장사되기를 바랐을까요? 거기에는 분명한 이유가 있습니다.

첫째, 하나님의 약속의 말씀 때문입니다. 가나안은 하나님의 약속의 땅입니다. 믿음의 조상 아브라함에게 약속하시고 기업으로 주신 땅입니다. 그곳에서 하나님은 이 땅에 하나님의 나라를 세우고자 하는 원대한 구속의 계획을 가지고 계셨습니다. 그곳은 하나님의 약속이 있는 곳으로서 아브라함이 직접 돈을 지불하고 산 땅입니다. 창세기 15장 16절을 보면, 하나님은 아브라함에게 이렇게 약속합니다. "네 자손은 사대 만에 이 땅으로 돌아오리니." 창세기 28장 15절에서는 하나님이 벧엘에서 야곱에게 이렇게 약속하십니다. "너를 이끌어 이 땅으로 돌아오게 할지라." 또한 창세기 35장 12절 말씀을 보면, 세겜에서 하나님이 야곱에게 약속하신 말씀이 나옵니다. "내가 아브라함과 이삭에게 준 땅을 네게 주고 내가 네 후손에게도 그 땅을 주리라 하시고." 그리고 창세기 46장 4절은 하나님이 야곱에게 애굽으로 내려가기 전 브엘세바에서 하신 말씀입니다. "내가 너와 함께 애굽으로 내려가겠고 반드시 너를 인도하여 다시 올라올 것이며."

　야곱은 애굽에서 십칠 년간 살 동안 모든 것이 풍족한 가운데서 형통한 삶을 살았지만, 그럼에도 불구하고 그의 마음속 깊은 곳에는 항상 하나님의 약속의 땅 가나안을 동경하고 그리워하고 있었습니다. 왜냐하면 가나안은 그의 조부 아브라함으로부터 아버지 이삭, 그리고 자신과 그의 후손에 이르기까지 하나님께서 주시기로 한 약속의 땅이기 때문입니다. 야곱은 이러한 언약사상을 기반으로 해서 가나안 땅에 자신이 장사되기를 원했던 것입니다.

　둘째, 믿음의 선조들이 장사된 곳이기 때문입니다. 가나안 땅 막벨라 굴에는 아브라함과 그의 아내 사라, 이삭과 그 아내 리브가, 그리고 야곱의 아내 레아가 장사되었습니다. 그러므로 자신은 그 믿음의 선조들의 정통성을 지닌 그들의 후손이므로 자신도 그 선조들을 따라 가나안 막벨라 굴에 장사되어야 한다는 것입니다. 애굽에 있는 무덤은 웅장하고 화려하기는 하나, 그것은 자신의 선조들과 연결된 정통성과는 거리가 먼 것입니다. 믿음의 선조들이 묻힌 가나안 막벨라 굴이야말로 선조의 전통성이 살아 숨 쉬는 곳입니다.

　셋째, 가나안 땅은 언젠가는 야곱의 후손들이 반드시 돌아가야 하는 땅이라는 것을 후손들로 하여금 인지시키고, 실제로 경험하도록 하기 위함입니다. 애굽은 가나안보다 훨씬 크고 거대한 나라입니다. 그래서 가나안보다는 부요함과 풍족함이 넘칩니다. 게다가 아들 요셉이 총리로 있었으므로 마음만 먹으면 야곱의 자녀들과 그의 후손들이 강대국에서 성공하고 출세할 수 있는 길이 열린 곳입니다.

그럼에도 불구하고 야곱은 자신의 후손들이 계속해서 애굽에 살 것이 아니라, 궁극적으로는 약속의 땅 가나안으로 다시 돌아가야 할 것이므로, 이것을 미리 인지시키고 싶었던 것입니다. 자신의 장례를 통해서 이스라엘의 온 가족들이 약속의 땅 가나안을 다시 밟아봄으로써 하나님이 주실 약속의 땅 가나안을 항상 잊지 않고 바라보도록 했습니다. 출애굽의 예행연습으로서 야곱은 자신의 장례를 통해 자신의 자녀와 후손들의 마음에 하나님이 주실 약속의 땅 가나안으로 충만하길 소망했던 것입니다.

죽은 후 가나안으로 가서 자신을 장사해 달라는 야곱의 요구에 자녀들은 이 유지를 그대로 받들어 야곱이 백사십칠 세의 일기로 눈을 감자 모든 자녀들이 아버지 야곱을 가나안 땅에 장사하기 위해 일사분란하게 움직입니다. 칠십일을 애도의 기간으로 하고 그 기간 동안 모든 애도를 마친 후, 바로 왕의 재가를 얻어 가족들은 물론 바로 왕의 관리들과 신하들까지도 함께 가나안으로 올라가서 장사를 지내게 됩니다. 이 장례는 요셉이 중심이 되어 성대하게 진행되었습니다. 아버지 야곱이 생전에 이르고 원했던 그대로 모두 행했습니다. 이로써 야곱은 자신이 그토록 원하던 가나안 땅에 묻히게 되었습니다.

2. 하나님 나라를 소망함

사랑하는 성도 여러분! 자신의 죽음 이후 자신을 가나안 땅에 장사해 달라는 야곱의 마지막 생의 바람을 보면서, 우리의 종국적인 소망이 어디에 있어야 하는가를 깊이 생각해 보아야 합니다. 야곱은 험난하고 굴곡진 인생을 살아왔습니다. 그는 형 에서의 얼굴을 피해 고향 땅을 떠나 머나먼 타향 밧단아람 외삼촌의 집에서 무려 이십 년의 봉사의 삶을 살아야 했으며, 외삼촌의 집을 떠나 세겜에 이르러서는 사랑하는 딸이 성폭행을 당하는 큰 아픔을 겪기도 했으며, 이 일로 인해 야곱의 아들들이 살인을 저지르는 끔찍한 일을 당하기도 합니다. 또한 자신이 가장 사랑하는 아들 요셉을 하루아침에 잃고 오랜 세월을 비통한 마음으로 살아야 했으며, 수년에 걸친 극심한 기근에 시달려 생명을 보존하기도 어려운 궁핍한 상황에 처하기도 합니다.

결국, 먹을 것이 없어 생존의 위협을 받는 심각한 지경에 이르게 되자 야곱은 애굽에 양식이 있다는 소식을 듣고 양식을 구하기 위해 아들들을 애굽으로 보내면서, 야곱의 인생은 새로운 국면을 맞이하게 됩니다. 이 일을 통해서 야곱은 지금까지 죽은 줄로만 알고 가슴으로만 묻었던 사랑하는 아들 요셉과 감격적인 상봉을 하게 됩니다. 또 요셉의 덕택으로 야곱과 그의 가족들은 가나안에서의 지긋지긋한 궁핍함에서 벗어나 애굽에서 정착하며 풍요로움을 누리며 안정적인 생활을 영위해 나갑니다.

그러나 이러한 풍요로움과 안락함을 누리면서도 야곱은 항상 자신과 그의 다음 후손들이 가야 할 곳은 가나안임을 잘 알고 있었습니다. 왜냐하면 그곳은 다름 아닌 조부 아브라함으로부터 아버지 이삭, 야곱 자신에 이르기까지 하나님께서 약속으로 주신 땅이며, 대대로 후손들에게 하나님이 주시겠다고 약속하신 땅이기 때문입니다. 따라서 그는 비록 몸은 애굽 이방 나라에 와 있었지만, 그는 늘 하나님의 약속의 땅 가나안을 동경하며, 그곳에 마음을 두고 살았습니다. 지금 아무리 애굽에서의 삶이 안락하고 풍족함으로 부족함이 없다고 하더라도 하나님이 주신 약속의 땅만큼 좋은 곳은 없습니다. 하나님의 약속 그것 안에서만 소망이 있기 때문입니다. 그러므로 야곱은 늘 하나님의 약속이 있는 가나안 땅을 소망했던 것입니다. 야곱은 하나님 나라, 즉, 하나님의 통치와 다스림이 있는 곳으로 가기를 소원했던 것입니다. 야곱은 나그네로서 이 세속의 세상이 아닌 하늘에 소망을 둔 자입니다.

우리가 사는 세상에서 사람의 삶의 모습들을 보면 매우 다양한 모습을 가지고 살아갑니다. 어떤 사람은 마치 이 땅의 삶이 전부인양 생각하고 살아갑니다. 소망을 이 세상이 두고 살아가는 것입니다. 그저 이 땅에서 잘 먹고, 잘 살며, 누리고, 즐기면 그것이 최고 행복한 삶이라고 생각하고 살아갑니다. 그래서 사람들은 더 많은 것을 소유하고, 더 높은 자리, 더 명예로운 자리, 그리고 더 권세 있는 자리를 차지하는 일에 수단과 방법을 가리지 않고 몰두합니다. 세상은 이제 맘몬사상의 영향으로 돈이 최고의 가치가 되어버렸으며, 돈이라면 영혼이라도 팔 기세입니다. 실제로 돈 때문에 몸과 영혼을 파는 사람들이 너무 많습니다.

우리는 최근 신문지상에 오르내리고 있는 소위 사회지도층 인사라는 자들이 탐욕과 정욕에 사로잡혀서 각종 부정과 비리에 연루되고, 온갖 성적인 추문에 휩쓸리게 됨으로써 세상 사람들에게 수치를 당하는 것을 보게 됩니다. 이러한 뉴스들을 접할 때마다 안타깝고 씁쓸한 마음 금할 길이 없습니다. 이들이 왜 이렇게 되었습니까? 소망을 세상에 두고 살기 때문입니다. 모든 가치를 이 세상에 두고 이 세상의 삶이 최고의 가치라고 여기기 때문입니다. 이 세상에 소망을 둘 때, 사람은 세상의 가치 기준에 맞추어 살 수밖에 없습니다. 육신의 정욕, 안목의 정욕, 이생의 자랑만을 추구하며 살아갈 수밖에 없는 것입니다.

그러나 우리의 삶은 여기서 끝이 아닙니다. 하나님이 약속하신 영원한 하나님 나라, 즉, 저 천국이 우리에게 하나님의 약속으로 주어져 있습니다. 우리는 모두 천국의 백성입니다. 세상에서의 마지막 날에, 곧 하나님이 부르시는 그날에 우리는 모두 하나님이 약속하신 하나님 나라로 들어갈 것입니다. 우리의 본향은 이 땅이 아니라 하나님이 계신 하나님 나라이기 때문입니다. 바울도 빌립보 교회 성도들에게 "우리의 시민권은 하늘에 있는지라 거기로부터 구원하는 자 곧 주 예수 그리스도를 기다리노니"(빌 3:20)고 말씀하고 있습니다. 그렇습니다. 우리의 시민권은 바로 하나님 나라에 있습니다. 육신은 이 땅에 살고 있지만 주님이 부르시는 그날에는 언제든지 저 영원한 본향인 하나님의 나라로 가야하기에 항상 준비하고 있어야 합니다. 하나님 나라의 시민권을 가진 자로서 장차 우리는 본향에서 하나님과 영생 복락을 누리면서 영원히 살 것입니다.

그러므로 우리는 이 땅이 아닌 하늘에 소망을 두어야 합니다. 비록 육신은 이 땅에 살고 있지만 우리가 궁극적으로 바라보고 소망해야 할 곳은 저 천국인 것입니다. 야곱이 애굽에 살았지만 하나님의 약속의 땅 가나안 땅을 바라보며 소망하고 살았듯이, 우리도 역시 육신은 이 땅에 살고 있지만 우리의 마음과 생각은 하나님 나라, 저 천국을 소망하며 살아가야 합니다.

이 땅에 살아가면서 본향으로 가는 과정은 험난합니다. 저마다 세상에서 녹록치 않는 인생의 무게의 짐을 지고 삽니다. 그러나 이러한 험난한 삶을 살아가면서도 우리가 위로와 기쁨과 감사함으로 살아갈 수 있는 것은 우리의 본향인 천국이 확실히 있기 때문입니다. 이 세상에서의 삶은 잠깐 지나가는 나그네의 삶이요, 저 천국으로 나아가는 과정 가운데서의 삶입니다. 우리의 종착지는 하늘에 있습니다. 그래서 우리는 이 세상에서 벌어지는 일에 일희일비(一喜一悲)하지 않습니다. 고난 가운데서 좌절하고 낙망하지 않습니다. 세상에서 조금 성공한다고 교만과 오만에 빠지지 않습니다. 그저 나에게 주어진 나그네의 삶을 하나님이 부르시는 그날까지 묵묵히 수행하며 나그네의 삶을 살아가면서 하나님이 주실 그 본향, 천국을 바라보며 소망하며 살아갈 뿐입니다. 삶의 모든 가치를 하나님 나라에 두고 살아가야 합니다. 이러한 삶을 살아가는 자가 하늘의 지혜를 입은 자이며, 복된 자입니다.

적용

사랑하는 성도 여러분! 그렇다면 우리가 생을 다하는 그날까지 하늘에 소망을 두고 거룩한 백성으로 살아가려면 어떻게 해야 할까요? 첫째, 하나님을 향한 확실한 믿음 가운데 서야 합니다. 하나님을 향한 확고한 믿음에 서 있을 때, 우리는 그 하나님이 우리에게 주신 약속의 말씀도 믿음으로 받아들일 수 있습니다. 하나님은 우리에게 구원의 은총을 값없이 주시며, 천국의 영생도 약속해 주셨습니다. 그리고 주님은 세상 끝 날까지 항상 우리와 함께 하시겠다고 약속해 주셨습니다. 그래서 우리는 환란을 당할 때 주님을 의지하고 기도하게 됩니다. 우리는 하나님을 믿음으로 하나님의 약속인 천국을 바라볼 수 있습니다. 그러므로 우리는 이 세상에 어떤 시험과 환란에도 흔들리지 않고 믿음으로 살 수 있는 것입니다. 하늘에 대한 소망은 믿음으로 가능한 것입니다.

둘째, 하나님 나라에 대해 늘 생각해야 합니다. 이런 격언이 있습니다. "생각이 말이 되고, 말이 행동이 되고, 행동이 습관이 되고, 습관이 성격이 되고, 성격이 운명이 되어 당신의 삶을 결정짓게 됩니다." 하나님 나라를 생각하면 그 나라의 영광을 마음속에 품게 됩니다. 그 나라의 영광을 품으면 하나님의 나라의 합당한 말이 나옵니다. 그 나라의 언어를 사용하게 되면 그 나라에 합당한 삶을 살게 되는 것입니다. 그러므로 우리가 하나님의 나라를 생각하며 살아가면 우리는 이 땅에 살면서도 하나님 나라를 소망하며 희망을 잃지 않고 살아가게 되는 것입니다.

> "생각하건대 현재의 고난은 장차 우리에게 나타날 영광과 비교할 수 없도다"(롬 8:18).

사랑하는 성도 여러분! 여러분은 무엇을 소망하며 살아가십니까? 이 세상입니까, 아니면 하나님의 영원한 나라입니까? 우리는 오늘 야곱의 이야기를 통해서 하나님을 믿는 백성은 하나님이 약속하신 천국을 소망하는 삶을 살아야 함을 배웠습니다. 여러분 모두 세상에 가치관을 두고 사는 삶을 버리고 믿음의 선진들처럼 영원한 하나님 나라를 바라보며 사는 영적 거장들이 되시길 주님의 이름으로 축원합니다.